Elisabeth Höhn

Rätsel für den Religionsunterricht

Sekundarstufe I

Persen

Persen Verlag

Die Autorin

Dr. Elisabeth Höhn: Dr. phil., Lehrerin an verschiedenen Berufsschulen (Unterrichtsschwerpunkte: evangelischer Religionsunterricht, Deutsch, Sozialwissenschaften), Dipl.-Sozialpädagogin, Dozentin, Autorin

Gedruckt auf umweltbewusst gefertigtem, chlorfrei gebleichtem
und alterungsbeständigem Papier.

1. Auflage 2005
© Persen Verlag, Buxtehude

3. Auflage 2011
© Persen Verlag
AAP Lehrerfachverlage GmbH

Illustrationen: Susanne Bochem
Satz: primanota GmbH
Überarbeitung: MouseDesign Medien AG, Zeven

ISBN 978-3-8344-**3669**-6

www.persen.de

Inhaltsverzeichnis

Vorwort

Das vorliegende Rätselbuch wurde vorwiegend für den Religionsunterricht in den Klassen 5 bis 10 an Haupt-, Real- und Wirtschaftsschulen entwickelt. Außerhalb der Schule sind die Rätsel auch in der Jugendarbeit, der Erwachsenenbildung oder auch der Seniorenbetreuung einsetzbar. Das Buch verarbeitet wichtige Inhalte des Religionsunterrichts dieser Schularten wie z. B. Schöpfung, Abraham, Jakob, Josef, Mose, Propheten, Jesus, Paulus, Martin Luther, Kirche und Weihnachten. Darüber hinaus laden einige spezielle Rätsel z. B. zu den Königen von Juda und Israel, über römische Kaiser, griechische und römische Götter sowie Pharaonen im Alten Ägypten zu einem Streifzug durch die Geschichte ein.
Die Rätsel sind als Kopiervorlagen konzipiert und jederzeit ohne Vorbereitungsaufwand einsetzbar. Sie sollen die Schüler auf spielerische Weise an biblische und geschichtliche Themen heranführen, können aber auch als Baustein einer Unterrichtsreihe themenbezogen verwendet werden. Viele Rätsel eignen sich zudem als Test zur Überprüfung des Wissens über das Alte und Neue Testament. Es kommen ganz verschiedene Rätseltypen zum Einsatz. Klassische Arten wie Lückentexte, Kreuzwort- und Gitterrätsel sind ebenso vorhanden wie Wort- und Buchstabenrätsel, Geheimschriftenrätsel und Einsetzübungen.
Die Autorin hofft, Lehrerinnen und Lehrern mit dem Buch ein Werkzeug in die Hand geben zu können, mit dem sie den Religionsunterricht lebendiger und abwechslungsreicher gestalten können. Mögen die Schülerinnen und Schüler beim Lösen der Rätsel genauso viel Freude erleben wie die Autorin beim Zusammenstellen der Rätsel.

Würzburg im Frühjahr 2005

Dr. Elisabeth Höhn

1. Die Bibel

Umfrage: ***Die Bibel ist für mich ...***

- ☐ das Buch der Bücher.
- ☐ ein Märchenbuch für Kinder.
- ☐ ein Buch mit alten Geschichten ohne Bedeutung für heute.
- ☐ die „Heilige Schrift“, in der Gott seinen Willen und seine Geschichten mit den Menschen aufzeigt.
- ☐ ein Forschungsgegenstand in der Wissenschaft.
- ☐ ein Buch, das mir Hilfe im Alltag sein kann.
- ☐ ein Buch, das die Freiheit des Menschen unterdrückt und ihn knechtet.
- ☐ ein Buch, aus dem ich grundsätzlich Folgerungen für mein Handeln ziehen kann.
- ☐ ein Buch mit sieben Siegeln.
- ☐ ein Buch, das mir den Sinn des Lebens aufzeigt.
- ☐ ein Buch, das allenfalls etwas für Alte und Kranke ist.
- ☐ eine Reiselektüre für den Israel-Urlaub.
- ☐ ein Buch, in dem ich häufig und gerne lese.
- ☐ ein Buch, das in keinem Bücherschrank fehlen sollte.
- ☐ ein Buch, das ich nicht verstehe, aber gerne verstehen möchte.

Bibelquiz

Das vorliegende Gitterrätsel handelt vom Alten und Neuen Testament. Beantworte die Fragen von Seite 8 und trage die Begriffe in die entsprechenden Kästchen ein.

Beachte: Ä = AE; Ö = OE; Ü = UE; ß = SS

Fragen

senkrecht

1. Bibel heißt übersetzt ...
2. dritter Evangelist
5. ... führte die Israeliten aus Ägypten
6. Bezeichnung für die fünf Bücher Mose
9. Bruder Kains (1. Mose 4,2)
10. israelitischer König, ca. 1040 v. Chr., schlug die Philister und eroberte ...
11. ... baute die Arche (1. Mose 6,8)
12. erster hebräischer König (1. Samuel 10,21)
14. Geburtsort Jesu (Matthäus 2,1)
18. Jakobs Zwillingsbruder (1. Mose 25,25)
19. Zweiter Evangelist
20. Jünger, der Jesus verriet (Matthäus 26,47)
22. Bezeichnung für Schriftgelehrte (Matthäus 23,1)
23. der Turmbau zu ... (1. Mose 11,1-9)
26. Jakobs Lieblingssohn, der nach Ägypten verkauft wurde (1. Mose 30,24)
29. Jakobs neuer Name nach dem Kampf am Jabbok (1. Mose 32,29)
30. größte Stadt Israels und Zentrum des jüdischen Glaubens
31. zweite Frau Jakobs (1. Mose 29,28)
32. Josef deutete die ... des Pharao (1. Mose 41,1)
33. Tugend, für die König Salomo bekannt war (1. König 3,12 oder 28)
34. Jakob zog mit seiner Familie in das Land ... (1. Mose 31,18)
36. Titel für die Herrscher Ägyptens
37. Sohn Abrahams (1. Mose 25,19)
39. Isaaks Frau (1. Mose 25,20)
42. Vater Johannes des Täufers (Lukas 1,8)
44. größter See Israels
45. Anzahl der Hungerjahre, die über Ägypten kommen sollen (1. Mose 41,36)
46 Jesus wirkte viele ...
48. Jünger, dessen Name übersetzt „der Fels“ bedeutet
52. Nachfolger des Propheten Elia (2. Könige 2,1-18)
53. Esaus Frau (1. Mose 26,34)
55. Beruf vieler Jünger Jesu
56. Erste Frau Jakobs (1. Mose 29,23)
57. Bezeichnung für die Zehn Gebote (griech.)
59. Am Hofe Davids lebender Prophet und Erzieher Salomos (2. Samuel 12,1)
61. Mose erhielt am ... die Zehn Gebote (2. Mose 19,16)
62. Bruder Abels (1. Mose 4,2)
64. von Jesus zur Verkündigung des Evangeliums Ausgesandte
66. Jesus warf Geldwechsler aus dem ...
67. zweite Frau Abrahams (1. Mose 25,1)
70. erste Frau Abrahams (1. Mose 20,2)

waagerecht

3. römischer Kaiser zur Zeit Jesu
4. Bezeichnung für den Glauben an den einen Gott
7. Adam und ...
8. jüdisches Gotteshaus
13. Stammvater der Juden und Moslems
15. Fest zum Gedenken an den Auszug aus Ägypten (2. Mose 12)
16. Jesus wurde von ... getauft (Matthäus 3,13)
17. größte Stadt Ägyptens zur Zeit Jesu
21. bedeutendster Missionar des Urchristentums
24. König, der den neugeborenen Jesus töten lassen wollte (Matthäus 2,16)
25. Diener und Nachfolger Moses (5 Mose 31,7)
27. Mutter Jesu (Matthäus 1,18)
28. Jakobs jüngster Sohn (1. Mose 35,18)
35. Ägyptischer Kämmerer des Pharao, der Josef kaufte (1. Mose 39,1)
38. Land, in das Abraham und seine Frau zogen, um einer Hungersnot zu entkommen (1. Mose 12,10)
40. Jesus erzählte viele ...
41. Anzahl der Jünger Jesu
43. längster Fluss Israels und Jordaniens
47. Potifar ließ Josef ins ... werfen (1. Mose 39,20)
49. Symbol für das Christentum
50. die Israeliten mussten in Ägypten ... verrichten (2. Mose 1,14)
51. Frau Josefs (1. Mose 41,45)
54. andere Bezeichnung für Prophet
58. erlernter Beruf Jesu
60. Esau verkaufte an Jakob sein ... (1. Mose 25,31)
63. prunkvoll gebaute Königssitze/Wohnorte von Königen
65. Wohnort Jesu (Matthäus 2,23)
68. Geburtsland von Josef und seinen Brüdern
69. römischer Prokurator, der Jesus kreuzigen ließ (Matthäus 27, 2)
71. Josefs älterer Bruder (1. Mose 35,23)
72. der barmherzige ...
73. Königin, die Salomos Weisheit prüfen ließ (1. Könige 10,1)

Bedeutende Frauen im Alten und Neuen Testament (I)

Die Bibel berichtet keineswegs nur von Männern. Frauen übernahmen im Alten und Neuen Testament immer wieder wichtige Aufgaben. Lies die angegebenen Bibelstellen durch und trage den gesuchten Namen in die jeweiligen Kästchen ein. Ordne anschließend die Lösungswörter den entsprechenden Frauennamen zu.

AT

1. Mose 4,1	☐☐☐	....
1. Mose 16,1	☐☐☐☐☐	....
1. Mose 20,2	☐☐☐☐	....
1. Mose 24,58	☐☐☐☐☐☐☐	....
2. Mose 15,20	☐☐☐☐☐☐	....
1. Mose 29,32	☐☐☐	....
1. Mose 30,1	☐☐☐☐☐	....
1. Sam 1,2	☐☐☐☐☐	....
2. Mose 2,21	☐☐☐☐☐☐☐	....
2. Sam 11,3	☐☐☐☐☐☐☐	....
2. Sam 13,1	☐☐☐☐☐	....
Jos 2,3	☐☐☐☐☐	....
2. Könige 22,14	☐☐☐☐☐	....
Richter 4,4	☐☐☐☐☐☐	....
1. Könige 21,5	☐☐☐☐☐☐	....

Lösungswörter

Bewohnerin Jerichos – Schwester von Aaron und Mose – Sarais Magd – Richterin in Israel – Frau König Ahabs – Jakobs Mutter – Jakobs Frau – Josefs Mutter – Samuels Mutter – Frau König Davids – Tochter König Davids – Prophetin – Adams Frau – Moses Frau – Isaaks Mutter

Bedeutende Frauen im Alten und Neuen Testament (II)

NT

Mk 15,40	□□□□□□	…………
Lk 1,40	□□□□□□□□□	…………
Lk 2,5	□□□□□	…………
Lk 2,36	□□□□□	…………
Lk 8,3	□□□□□□□	…………
Lk 8,3	□□□□□□□	…………
Lk 8,2	□□□□□ □□□□□□□□□	…………
Joh 11,20	□□□□□	…………
Apg 12,13	□□□□□	…………
Apg 16,14	□□□□□	…………
Apg 17,34	□□□□□□□	…………
Joh 11,20	□□□□□	…………
2. Tim 1,5	□□□□□□	…………
2. Tim 4,21	□□□□□□□	…………
Kol 4,15	□□□□□□	…………

Lösungswörter

Frau, die gläubig wurde – Lazarus Schwester – Mutter Johannes des Täufers – Jüngerin Jesu – Magd – Jüngerin Jesu – Frau, die gläubig wurde – Mitarbeiterin von Paulus – Lazarus Schwester – Prophetin – Jüngerin Jesu – Jesu Mutter – Mitarbeiterin von Paulus – Jüngerin Jesu – Purpurhändlerin

Tiere der Bibel (I)

34 Tiere der Bibel haben sich in diesem Wortsuchrätsel waagerecht, senkrecht und diagonal versteckt. Suche und markiere sie.

O	W	U	L	T	C	K	F	R	D	L	S	B	N	T	A	A	A	F	F	E	N	M	N
U	O	L	M	N	C	P	K	A	D	L	E	R	E	I	A	N	F	L	O	R	N	A	T
O	L	B	J	U	P	P	I	U	P	B	I	P	H	U	M	U	M	D	C	V	P	U	V
L	F	J	K	F	J	S	P	L	Ö	W	E	Y	A	R	C	I	B	M	A	D	P	L	V
U	I	C	J	B	I	C	F	I	J	C	H	R	H	J	H	H	B	E	M	R	D	W	E
E	U	I	A	I	U	H	D	F	F	H	R	P	N	B	A	M	C	M	Ü	A	H	U	V
K	V	C	I	B	J	L	U	T	E	S	E	L	Ö	M	F	C	G	L	D	B	A	R	A
V	D	I	A	I	U	A	C	S	R	H	P	P	F	S	C	H	A	F	L	E	H	F	Z
Z	I	E	G	E	D	N	W	F	L	I	E	G	E	C	E	K	B	A	C	Ü	E	C	E
L	O	E	M	O	M	G	R	D	P	G	H	P	C	J	K	T	F	D	G	A	Q	C	W
S	W	A	U	B	I	E	M	F	G	G	Ä	C	J	K	E	I	D	E	C	H	S	E	Q
E	T	D	M	I	R	I	J	D	A	R	C	E	K	D	J	T	B	F	C	L	Q	S	E
D	W	O	U	P	F	E	R	D	E	L	H	K	A	M	E	L	L	L	Ä	B	G	E	Q
E	D	N	R	I	E	R	N	R	C	J	K	E	E	A	H	D	G	A	L	S	L	G	F
B	Ä	R	U	C	I	B	R	E	H	K	E	E	E	B	I	E	N	E	U	U	U	U	U
E	R	R	E	I	H	R	G	N	K	N	E	E	A	S	H	G	B	S	E	I	K	C	C
H	U	N	D	Ö	Y	S	B	H	A	S	E	X	E	G	B	A	S	F	I	O	U	E	H
N	D	N	G	O	R	P	K	O	Q	A	G	S	X	T	H	E	I	C	R	I	H	I	S
I	I	I	I	C	D	I	C	A	G	Q	I	Q	P	S	Q	C	T	E	S	O	Q	E	W
N	G	A	N	G	R	N	K	C	B	E	C	I	F	B	M	A	J	S	A	H	S	S	C
J	A	E	D	G	J	N	J	K	M	T	K	I	A	E	E	K	I	A	K	C	S	C	H
A	O	J	L	G	R	E	S	A	T	S	C	I	U	K	H	I	R	S	C	H	C	H	H

Tiere der Bibel (II)

Hinter jeder Bibelstelle verbirgt sich ein bestimmtes Tier. Schlage nach.

waagerecht				senkrecht			
7	Hes 17,3	24	Dan 6,17	1	1. Sam 26,20	19	Lk 16,21
8	Jona 2,1	26	1. Mose 15,10	2	Jes 18,6	20	Ps 147,9
9	Offb 12,3	28	2. Mose 16,13	3	Spr 6,6	23	Jes 34,11
10	Mk 14,72	30	Ps 104,18	4	Offb 5,6	25	1. Sam 26,20
13	Jona 4,7	33	Dan 8,5	5	2. Mose 8,2	27	Lk 15,16
15	2. Mose 32,8			6	Mt 10,16	29	Mt 10,29
16	Hiob 40,15			11	1. Mose 22,13	31	Ps 118,12
18	1. Mose 3,1			12	Mt 19,24	32	Hes 17,15
21	Mt 18,12			14	Ps 104,18		
22	Mk 1,6			17	Joh 12,14		

Beachte: Ä=AE; Ö=OE; Ü=UE; ß=SS
Alle Tiere im Singular

2. Die Schöpfung

Der Schöpfungsbericht

In diesem Buchstabenrätsel findest du, was Gott dem Schöpfungsbericht der Bibel (1. Mose 1) zufolge geschaffen hat. Die Begriffe stehen waagerecht und senkrecht jeweils in beiden Richtungen. Markiere die gefundenen Begriffe, und ordne sie den sechs Schöpfungstagen zu.

K	L	P	X	A	Z	W	T	D	K	Q	R	S	N	E	Z	N	A	L	F	P
W	O	B	L	A	Z	O	W	C	M	W	Z	N	L	S	A	F	E	T	F	B
A	C	B	O	D	Q	R	S	T	F	Q	P	E	I	W	C	O	P	T	Z	R
U	X	L	N	K	M	O	P	R	N	Q	L	Z	C	A	B	O	D	O	P	Q
F	S	Q	R	H	L	E	M	M	I	H	Ä	W	H	K	L	N	W	X	O	P
B	E	W	Q	K	R	D	C	I	M	B	O	H	T	L	Č	E	W	H	N	R
S	N	Q	R	S	T	U	L	W	O	K	M	X	O	E	H	L	A	N	D	O
G	N	F	R	E	N	S	M	N	N	Z	W	L	N	P	C	L	P	B	D	E
R	O	M	E	N	T	G	W	Ö	D	R	P	H	T	S	F	M	C	A	S	B
Ä	S	P	O	K	W	X	Ä	Y	R	W	S	U	W	A	B	Z	O	K	Z	M
W	O	J	F	U	G	O	B	C	D	A	W	Ö	C	D	E	M	O	N	D	K
O	P	Y	S	S	T	E	R	N	E	S	P	B	O	T	W	K	Ö	L	M	S
N	F	Ö	W	S	T	D	X	A	Z	S	W	K	O	L	P	W	X	K	N	W
W	O	N	T	X	Y	E	D	O	W	E	X	A	K	L	T	D	Ä	E	C	O
L	M	E	Y	Q	R	H	X	A	Z	R	X	B	Ä	U	M	E	H	B	P	M
K	W	H	S	T	V	L	O	M	N	T	Ä	P	B	O	R	T	Y	R	W	X
P	O	C	W	K	Ö	L	M	N	T	I	A	Q	R	S	D	K	L	B	X	Y
B	O	S	E	K	G	Ä	C	T	D	E	W	K	L	F	M	N	K	X	A	C
Ö	D	N	N	K	E	L	M	W	X	R	R	E	R	E	I	T	D	N	A	L
X	A	E	B	E	L	C	T	W	A	E	Ö	T	Z	F	Z	O	N	D	E	W
L	N	M	F	B	X	P	L	R	A	W	H	B	P	E	D	Y	M	G	L	Z

1. Tag:																			
2. Tag:																			
3. Tag:					■									■					
4. Tag:						■					■								
5. Tag:												■							
6. Tag:										■									

Der Baum des Lebens

In dem Wortsuchrätsel stammen 20 Begriffe aus 1. *Mose* 3,1-24. Suche sie waagerecht, senkrecht sowie diagonal und markiere sie.

E U
L N A R B J
M R A L C U D G P
Y F E L L E K Ö G T N C
I N T S P Ö H D B R E K T C F J
M C C J V R X Z F V H B N J D V E K
Ä H K R U B C V D C T K D H Y K I E
B E P B X V I G S L H C T G R J G E
L R C S R J H N X O W F B O J D E R
O J U T C Y R E D U T A C Z J L W N C B K
Ä M B R S B R H M M L A C H W G U H S V B W U P
K U Z D V I D L R S V H C I P C N Z O E L D Z U
B T T Q N M Z A F R Q S V K T J G V R H Ä C Z I
K T V E U D W N B Z D M R V E Q Ü K Ä M T D Z H
U E N C A T E G T N R X R L B R I K E C T A E D I
K V R F V Y M B E I Q Ö J N A C H K O M M E N M T E
O J Z F P W G E X B C Q T C J K R O E C R W B R L Ü
D I S T E L N F K U R K D X R U E N L Z B E A E X S J
K U F T W T C W V I E C H S O H W N P V E I V U O
L C E F R Ü C H T E D R I B C O T M Z R X
J M G R D E A D A M Z
W Y T P W S F
X C B
M Q A
E C R
S V P
P V A
T C B
V F Ä
J Ö U
S D M
V F H S C H W E R T N J U K E E J T M R B E V W C Q X
L U M R N Z B E V R V S Y A V H G A R T E N E D E N M
F R Z K O H E N H I T R S G S V H J L W I T M R W B H

Die Schöpfung als Werk Gottes

Bei diesem Kreuzworträtsel werden zentrale Begriffe aus der Schöpfungsgeschichte gesucht. Beantworte die Fragen von Seite 16 (evtl. mithilfe der angegebenen Bibelstellen). Die grauen Kästchen ergeben einen zentralen Satz aus dem Schöpfungsbericht.

Beachte: Ä=AE; Ö=OE; Ü=UE; ß=SS

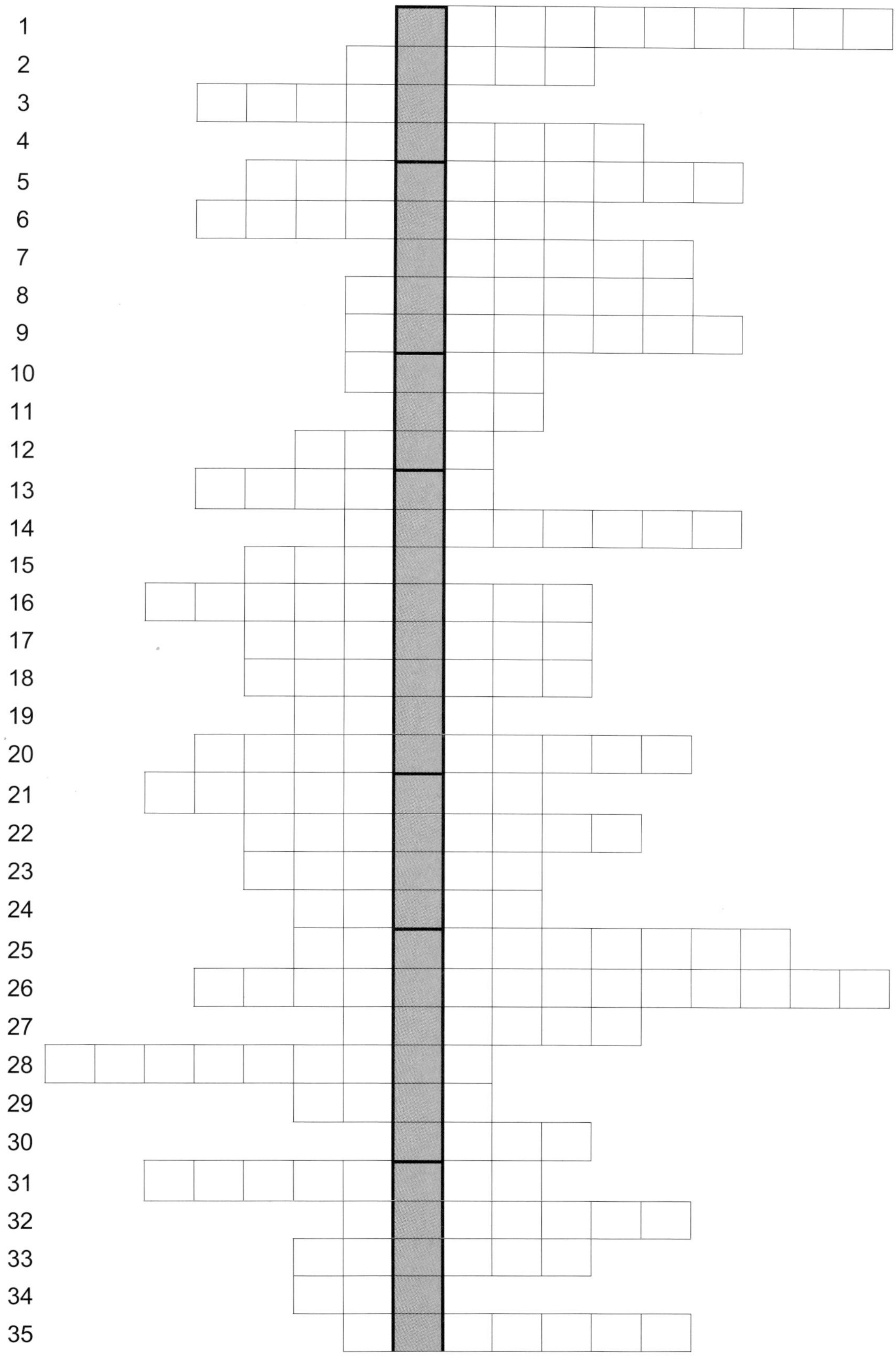

Fragen

1. Bezeichnung für das Paradies in der Bibel (1. Mose 2,15)
2. Am vierten Tag schuf Gott die ________. (1. Mose 1,16)
3. Am Anfang sprach Gott: Es werde ________! (1. Mose 1,3)
4. Gott schuf Sonne, Mond und ________. (1. Mose 1,16)
5. Gott nannte die ________ Nacht. (1. Mose 1,5)
6. Am sechsten Tag schuf Gott den ________. (1. Mose 1,26)
7. Die Feste war der ________. (1. Mose 1,8)
8. Der siebte Tag wurde zum ________. (1. Mose 2,3)
9. Am dritten Tag schuf Gott die ________. (1. Mose 1,11)
10. Gott nannte den ersten Menschen ________. (1. Mose 3,9)
11. Adams Frau hieß ________. (1. Mose 3,20)
12. Die Frau wurde aus der Rippe vom ________ geschaffen. (1. Mose 2,23)
13. Gott ließ aus der Erde allerlei ________ wachsen. (1. Mose 2,9)
14. Die Frau wurde als ________ des Mannes geschaffen. (1. Mose 2,18)
15. Name des ersten Sohnes von Adam (1. Mose 4,1)
16. Am fünften Tag schuf Gott große ________. (1. Mose 1,21)
17. Name des ersten Flusses, der vom Hauptstrom des Garten Eden ausging (1. Mose 2,11)
18. Name des vierten Flusses, der vom Hauptstrom des Garten Eden ausging (1. Mose 2,14)
19. Name des zweiten Sohnes von Adam (1. Mose 4,2)
20. Der Baum, von dem es den Menschen verboten war zu essen, war der Baum der ________ des Guten und Bösen. (1. Mose 2,9)
21. Tier, das listiger war als alle anderen Tiere (1. Mose 3,1)
22. Abels Beruf (1. Mose 4,2)
23. Als Adam und Eva aus dem Garten Eden vertrieben wurden, trugen sie ________ von Fellen. (1. Mose 3,21)
24. Name des zweiten Flusses, der vom Hauptstrom des Garten Eden ausging (1. Mose 2,13)
25. Die Lebewesen auf Erden sind ________ Gottes.
26. Adam und Eva flochten sich ________ zusammen. (1. Mose 3,7)
27. Name des dritten Flusses, der vom Hauptstrom des Garten Eden ausging (1. Mose 2,14)
28. Kains Beruf (1. Mose 4,2)
29. Anzahl der Schöpfungsgeschichten in der Bibel
30. Gott nannte die Sammlung der Wasser ________. (1. Mose 1,10)
31. Gott ließ vor dem Garten Eden die ________ lagern mit dem flammenden und blitzenden Schwert. (1. Mose 3,24)
32. Sonne, Mond und Sterne nannte Gott ________. (1. Mose 1,16)
33. Am sechsten Tag schuf Gott die Tiere des ________. (1. Mose 1,24)
34. Kain wohnte im Land ________. (1. Mose 4,16)
35. Andere Bezeichnung für das erste Buch Mose.

Albert Schweitzer (1875–1965)

© akg-images

Albert Schweitzer
(1875–1965)

Albert Schweitzer wurde 1875 in Kaysersberg im Ober-Elsass geboren. Sein Vater war Pfarrer. Er wurde kurz nach der Geburt Alberts, seines zweiten Kindes, nach Günsbach versetzt.
Im Günsbacher Pfarrhaus verlebte Albert eine glückliche und sorgenfreie Kindheit. Er war bereits als junger Mensch offen für das Leid anderer Menschen. Besonders aber fühlte er mit den Tieren.
Früh erkannten die Eltern Alberts musikalische Begabung. Mit acht Jahren begann er, Orgel zu spielen. Im darauffolgenden Jahr konnte er den Organisten in Günsbach vertreten.
Die Schule machte ihm keinen sonderlichen Spaß. 1885 wurde er auf das Gymnasium nach Mülhausen geschickt. Dort wohnte er bei seinem Onkel und seiner Tante. Seine Zeugnisse waren eher mittelmäßig. Dennoch bestand er 1893 die Abiturprüfung.

Mit 18 Jahren begann Albert Schweitzer das Studium der Theologie und Philosophie an der Universität Straßburg. Daneben beschäftigte er sich mit der Musik von Johann Sebastian Bach. Während seines Studiums fuhr er regelmäßig nach Paris, um dort bei dem berühmten Orgelmeister Widor Unterricht zu nehmen. Albert Schweitzer war ein genialer Orgelspieler und ein tiefer Verehrer Johann Sebastian Bachs.
1898 bestand er das 1. theologische Examen und anschließend die Doktorprüfung. 1899 wurde er Vikar an der St. Nicolai Kirche in Straßburg und nach dem 2. Examen in sein Amt eingeführt.
Albert Schweitzer schrieb viele Bücher. Ein bekannter Sammelband heißt „Straßburger Predigten".
1902 wurde er Dozent an der Universität Straßburg. Dort verdiente er gut und stand in hohem Ansehen. Bald darauf jedoch gab er seinem Leben eine neue Richtung. 1904 las er in den Monatsheften der Pariser Missionsgesellschaft einen Artikel über Not und Leiden in Afrika.

Schweitzers Geburtshaus in Kaisersberg

An der Schlafkrankheit, Lepra und der tropischen Malaria starben zahlreiche Menschen. Dringend wurden Ärzte gesucht. Daraufhin entschloss sich Albert Schweitzer, Medizin zu studieren und als Arzt nach Afrika zu gehen. 1911 bestand er das medizinische Examen. Er spezialisierte sich auf Tropenkrankheiten.
1912 heiratete Albert Schweitzer Helene Bresslau. Zusammen fassten sie den Entschluss, sich auf das afrikanische Abenteuer einzulassen. Aus der Ehe ging 1919 Tochter Rhena hervor.
Zum Schauplatz ihrer künftigen Tätigkeit wählten sie 1913 die Missionsstation in Lambarene in Gabun am Fluss Ogowe, mitten im tropischen Urwald Afrikas. In seinem Buch „Zwischen Wasser und Urwald" berichtet Albert Schweitzer über die ersten Jahre im Urwald.

In Lambarene entwickelte er auch seine berühmte ethische Formel der „Ehrfurcht vor dem Leben". Sie umfasste Pflanzen, Tiere und Menschen. Das Leben als solches war ihm heilig. Er riss keine Blätter von Bäumen ab, knickte keine Blumen und achtete darauf, dass er kein Insekt zertrat. Wenn er im Sommer nachts bei Lampenlicht arbeitete, hielt er lieber das Fenster geschlossen, atmete dumpfe Luft, als dass er Insekt um Insekt mit versengten Flügeln auf seinen Tisch fallen sah. Ging er nach einem Regen auf die Straße und erblickte einen Regenwurm, der sich verirrt hatte, so beförderte er ihn ins Gras. Ebenso rettete er Insekten, die in einen Tümpel gefallen waren, indem er ihnen einen Halm zur Rettung hinhielt.

1952 erhielt Albert Schweitzer den Friedensnobelpreis. Von der Stadt Frankfurt wurde ihm der Goethepreis verliehen.

Spital in Lambarene am Fluss Ogowe im Urwald Afrikas

ALBERT SCHWEITZER

Albert Schweitzer wurde am 14. Januar 1875 in ______________ geboren. Ein halbes Jahr später zog die Familie nach ________________, wo sein Vater als ______________ arbeitete. Dass Albert eine schöne ______________ erleben durfte, machte ihn ______________ und bewog ihn später, anderen zu ________________.

Schon als Kind litt er unter dem ________________ und der _______________, die Menschen und ______________ auszustehen hatten. Darum schrieb er später: „Alle müssen wir an der Last von Weh, die auf der _______________ liegt, _______________." Nach der Dorfschule besuchte Schweitzer die Realschule und trat dann in das Gymnasium in _____________ ein. Die Natur war für ihn letztlich etwas Unerklärbares und _______________. Er sagte: „Was wir als Kraft und als ____________ bezeichnen, bleibt seinem eigentlichen Wesen nach immer _____________".

Lückenwörter

dankbar – Geheimnisvolles – Günsbach – helfen – Jugendzeit – Kaysersberg – Leben – Leid – mittragen – Mülhausen – Not – Pfarrer – Tiere – unerklärlich – Welt

Jugendeindrücke

Drei Jugendeindrücke sind für Albert Schweitzer wichtig und haben sein späteres Leben geprägt. Welche drei von den folgenden neun kurzen Sätzen fassen diese Eindrücke am besten zusammen? Unterstreiche.

1. Dem Fleißigen gehört die Welt.
2. Wissen ist Macht.
3. Elend wird es immer geben.
4. Seid dankbar in allen Dingen.
5. Tiere dürfen nicht getötet werden.
6. Natur und Leben sind ein Geheimnis.
7. Musik macht das Leben schöner.
8. Wir müssen Leid und Not mittragen.
9. Nur der Begabte kann wirklich helfen.

Das Albert-Schweitzer-Quiz

Beantworte die Fragen von Seite 20 und trage die Lösungswörter ein.
Beachte: ß = ss

1. □□□□□□□□□[24]□
2. □□□[6]□□□
3. □□[14]□□□□□
4. [7]□□□□[4]□
5. □□□□□□□□[13]
6. □□□□[29]
7. [20]□□□□
8. □□[2]□□□ □□[26]□□[28]□□
9. □□[18]□□
10. □□[16]□□□□□ □□[25]□[23]□ □[22]□ □□□□□□
11. □□□□[12]□□□[3]□□
12. □□□[27]□□□□□□[5]□□□□□□□
13. [10]□□□□□□□□□[21]□ □□[8]□[19]□□□□
14. □□□□□□[11]□[17] □□□ □□[15] □□□□[9]
15. [1]□□□

Fragen

1. Wie heißt der Geburtsort Albert Schweitzers?
2. Welche Staatsbürgerschaft besaß Schweitzer von Geburt an?
3. In welcher Stadt im Ober-Elsass verbrachte Schweitzer seine Jugend?
4. Welches Studium begann Schweitzer 1905?
5. Wo gründete Schweitzer 1913 sein Urwaldspital?
6. An welchem Fluss liegt dieser Ort?
7. In welchem Land liegt dieser Ort?
8. Welches sind Vor- und Zuname der Frau Albert Schweitzers?
9. Wie lautet der Vorname der Tochter Albert Schweitzers?
10. In welchem Buch berichtet Schweitzer über die ersten Jahre im Urwald?
11. Welcher Preis wurde ihm von der Stadt Frankfurt verliehen?
12. Als Dank für welchen Preis hielt er 1954 in Oslo eine berühmte Rede?
13. bekannter Sammelband von Predigten Schweitzers
14. Wie heißt die berühmte ethische Formel, die er geprägt hat?
15. Wessen Musik hat er auf der Orgel immer wieder interpretiert?

Wenn Du die nummerierten Buchstaben in die richtige Reihenfolge stellst, dann ergibt sich als Lösung ein Satz aus den Werken Albert Schweitzers:

□□□□□□ □□□□□□□□ □□□ □□□□□□□ □□□□□

3. Personen des Alten Testaments

Noahs Arche

In Noahs Arche befinden sich neben Noah und seiner Frau auch seine drei Söhne (1. Mose 7,13) und 25 Tiere. Suche die Begriffe waagerecht, senkrecht sowie diagonal und markiere sie.

N N G O
V T O E
W A T A
R S K L S W H G
Y W S F E C E J U L
G W E G R H E U W N
V L W F S L A K L G
E R F Z J A L R G E
Y M E F R H T N Z K Z Z N E
Z J Ö R V D B R I K A E Z T L Q O G Ü L I J Z S
R B R N I L P F E R D E K Q R Q T D Ö F E V Q E E F E
W Q S W X E C R V T B Z N S W G Q R E W N Z T G U L L V W J
M U C K O L P R Ü K R O K O D I L E G E E Z E U Z E N M J A F E X Z H
E D R H T G Z A U J I K O L P Ö Ü S W C N M N T Z S F Q K G W P U I F
Y E R X A T Z B B U I N S O T I G E R W Z Q R D S V C A I S Q Q U L
I N G N R F W E B D Q F P L F N E Z Q D C M Ä U S E Z W N F G L B B
M X C V M E N L S F G I W F Ü C H S E H Ö S D F F R U G T S F Z L
Z E B R A S G W D E H N K F G E W B T K I P F E R D E B F E H I
J I G T R S W F H B T N H L I N Z U F A H R Z R E V F R H R N G
V F H D W S C B T J E D W E G V B R D U K S R G I R A F F E N
D S A E R S F H G F N O R U S E M W S C B N C G T Q A D E H
B D M H Ö E J V C N M Ä R G K S E F D W Z E M H O Z H H R V
G B R N H A S E N B F B V D F W R T E R D N F E N E R E
F S J F L V Ö G E L T Q Z N O A H S F R A U B R Q I

Abraham – Urvater der Christen, Juden und Moslems

Der nachfolgende Lückentext beschreibt in einer knappen Zusammenfassung das Leben Abrahams. Wähle für die Auslassungen jeweils das richtige Lückenwort aus der Auflistung auf der nächsten Seite und setze es ein.

Abraham auf Wanderschaft

Abraham stammte aus dem sumerischen □□ in □□□□□□□, im Süden des heutigen Irak. Sein hebräischer Name bedeutete übersetzt: „Vater (Gott) ist erhaben". Mit seinem Vater Terach zog Abraham, den die Juden als den □□□□□□□□□□ □□□ □□□□□□□ verehren, nach Haran in Syrien.

Auf eine Anordnung Gottes hin („Geh aus deinem Vaterland ... in ein Land, das ich dir zeigen will.") wanderte er mit seiner Frau □□□□ und seinem Neffen □□□ um 1900 v. Chr. nach □□□□□□. Gott verhieß ihm seinen Segen und eine reiche □□□□□□□□□□□□□□□□.

Sie erreichten Sichem in Samaria und Bethel in Judäa. Dort errichtete Abraham □□□□□□, zog aber weiter, da hier eine □□□□□□□□□□ herrschte und erreichte □□□□□□□.

Aus Furcht vor der Missgunst einiger Ägypter, die nach seiner schönen Frau Sara trachteten, gab er sie als seine □□□□□□□□□ aus. Nun aber begehrte der □□□□□□ von Ägypten Sara und nahm sie zur Frau. Nachdem Gott schwere Plagen über Ägypten schickte, gab der Pharao Abraham seine Frau zurück, beschenkte ihn reich und hieß ihn nach Kanaan zurückkehren.

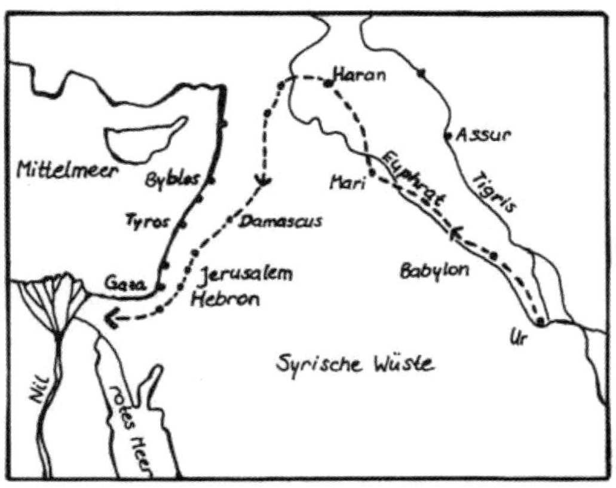

Abrahams Wanderroute von Ur bis Ägypten

Hier trennten sich Abraham und Lot. Lot wanderte mit seinen Herden in die Gegend um □□□□□ □□□ □□□□□□□, geriet aber in den Wirren eines Krieges in die Gefangenschaft des □□□□□□ □□□ □□□□□. Abraham gelang es jedoch, ihn zu besiegen und Lot zu befreien.

Der Priesterkönig □□□□□□□□□□□ □□□ □□□□□ trat Abraham am Abend seiner Rückkehr mit Brot und Wein entgegen und segnete ihn.

Mehrere Verheißungen prophezeiten Abraham Nachkommen, doch seine Frau Sara blieb unfruchtbar. Sie gab daraufhin Abraham ihre Magd □□□□□, damit diese ihm Kinder schenke.

Später erfuhr Abraham von der Sündhaftigkeit der Einwohner Sodoms und trat vor Gott für die □□□□□□□□□ □□□ □□□□□ ein. So konnte Lot das brennende Sodom verlassen; seine Frau hingegen wandte sich verbotenerweise um und erstarrte zur □□□□□□□□□.

Eines Tages sah Abraham □□□ □□□□□, die sich seinem Zelt näherten. Er erkannte in ihnen □□□□□ □□□□□□ und bat sie zur Fußwaschung und Rast. Er ließ ihnen ein Mahl bereiten. Die Engel prophezeiten ihm, dass Sara trotz ihres hohen Alters noch einen □□□□ gebären werde. Ein Jahr später wurde □□□□□ geboren.

Abraham und Priesterkönig Melchisedek von Salem

Als Isaak ein junger Mann war, stellte Gott Abrahams □□□□□□□□ auf eine Prüfung. Abraham zog nach Morija und nahm Isaak und einen mit Holz beladenen Esel mit. Abraham baute einen Altar und legte Isaak als □□□□□□□□□ darauf. Doch im letzten Moment erhoben die □□□□□ □□□ □□□□□ Einspruch und Abraham ließ das Opfermesser sinken. In einem nahen Dornengestrüpp erblickte er einen □□□□□□ und opferte diesen anstelle Isaaks.

Besonders der □□□□□ achtet diesen Gehorsam Abrahams. Zum Gedenken wird das Opferfest □□□□□□ gefeiert, das wichtigste Fest der Muslime. Jede Familie schlachtet dabei ein Schaf.

Abraham begrüßt drei Engel des Herrn

Abraham starb „alt und lebenssatt" im Alter von 175 Jahren. Seine Söhne Isaak und □□□□□□ begruben ihn neben Sara in der Höhle Machpela im späteren □□□□□□ in □□□□□□□□□. In allen drei monotheistischen Religionen, dem Christentum, dem Islam und dem Judentum, gilt Abraham als □□□□□ □□□ □□□□□□□□□□.

Lückenwörter

Vater der Glaubenden – Ismael – Ur – Islam – Chaldäa – Bairam – Engel Gottes – Stammvater der Hebräer – Hebron – Sohn – Salzsäule – Sara – Hagar – Lot – Gehorsam – Nachkommenschaft – drei Männer – Kanaan – Altäre – Hungersnot – Widder – Opfergabe – Ägypten – Pharao – Palästina – Engel des Herrn – Schwester – Sodom und Gomorra – Gerechten der Stadt – Königs von Sodom – Melchisedek von Salem – Isaak

Die Berufung Abrahams

Wenn du die Geheimschrift mithilfe des unten stehenden Codes entschlüsselst, erhältst du die Worte, die Gott zu Abraham vor seinem Wegzug nach Kanaan sprach.

γεη αυσ δειvεμ ϖατερλαvδ (...) ιv ειv λαvδ, δασ ιχη διρ ζειγεv ωιλλ. υvδ ιχη ωιλλ διχη ζυμ γρο⇓εv ϖολκ μαχηεv υvδ ωιλλ διχη σεγvεv υvδ διρ ειvεv γρο⇓εv vαμεv μαχηεv. (...) υvδ ιv διρ σολλεv γεσεγvετ ωερδεv αλλε γεσχηλεχητερ αυφ ερδεv.

1. μοσε 12,1–3

___ ___ ________ ___________ (...) ___ ___ _____,

___ ___ ___ ________ _____. ___ ___

_____ _____ ___ ________ _____ ________ ____

_____ _____ ________ ____ ____ _______ ____-

___ ______ ________. (...) ____ __ ____ ________

__________ ________ _____ ________________

___ _______.

1. ____ 12,1-3

Codierschlüssel

A	B	C	D	E	F	G	H	I	J	K	L	M	N	O	P	Q	R	S	T	U	V	W	X	Y	Z	ß
α	β	χ	δ	ε	φ	γ	η	ι	φ	κ	λ	μ	ν	ο	π	θ	ρ	σ	τ	υ	ϖ	ω	ξ	ψ	ζ	⇓

Abraham – Stammvater vieler Völker

Die Begriffe dieses Gitterrätsels stammen alle aus der Geschichte von Abraham. Beantworte die Fragen von Seite 26 unter Zuhilfenahme der jeweils angegebenen Bibelstellen.

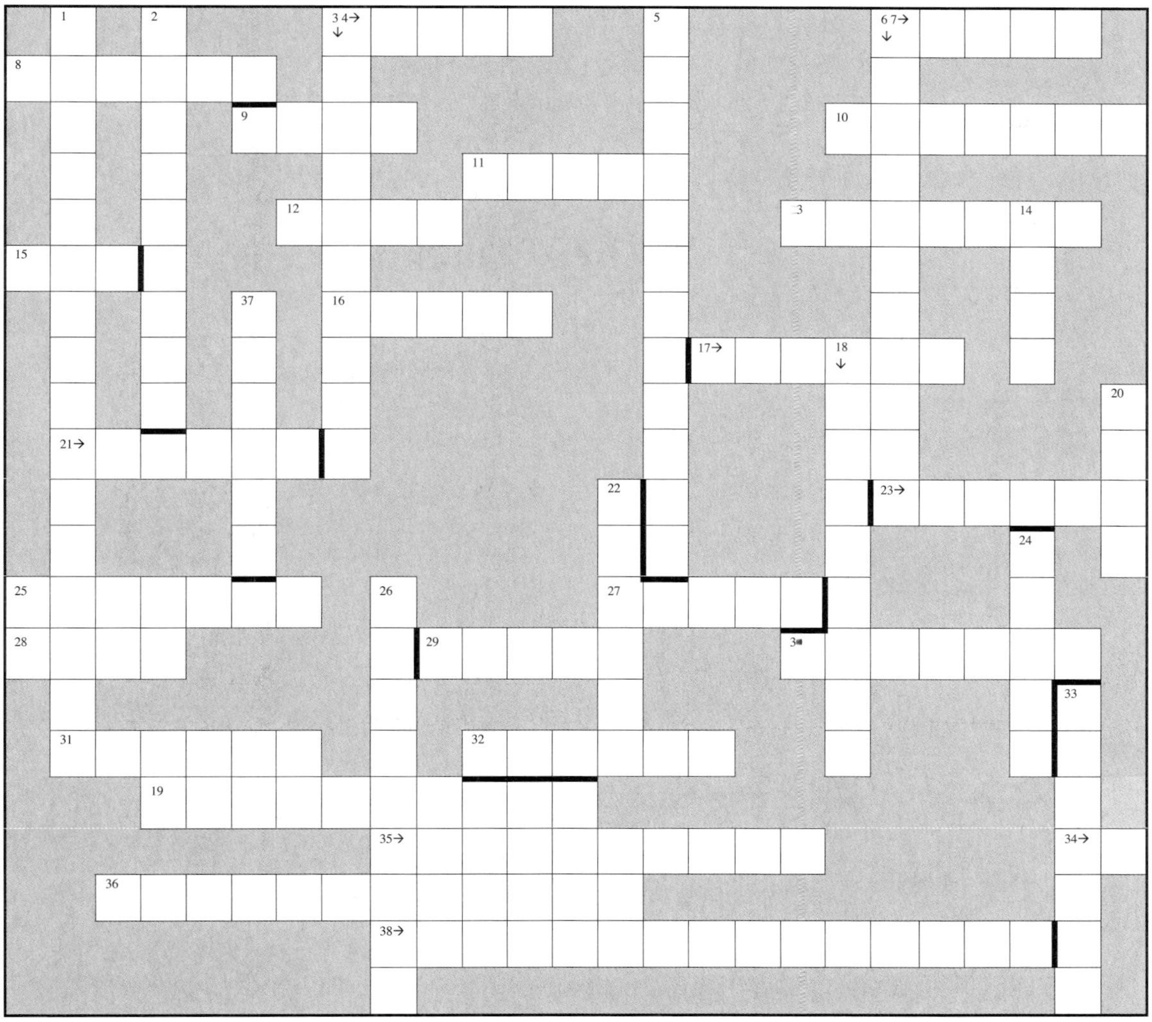

Fragen

1. Gott verhieß Abraham reiche ______.
2. Als Lot und seine Familie aus Sodom flohen, erstarrte seine Frau zur _______.
3. Grund für den Wegzug Abrahams nach Ägypten (1. Mose 12,10)
4. Saras Magd (1. Mose 16,1)
5. Aus Ismaels Stamm sollen _______ ______ hervorgehen (1. Mose 17,20).
6. König von Salem (1. Mose 14,18)
7. Drei Engel erschienen Abraham in ______ (1. Mose 18,1).
8. Land, in das Abraham zog.
9. Gott schloss mit Abraham einen ______.
10. Knecht Abrahams (1. Mose 15,2)
11. Jakobs Frau (1. Mose 29,28)
12. König von Sodom (1. Mose 14,2)
13. Beruf Ismaels (1. Mose 21,20)
14. Anzahl der Gerechten, die in Sodom leben müssen, damit die Stadt verschont bleibe (1. Mose 18,32).
15. Abrahams Neffe (1. Mose 12,5)
16. Stadt, in die Lot zog, nachdem er sich mit Abraham zerstritten hatte (1. Mose 13,12).
17. Erster Sohn Abrahams (1. Mose 16,15)
18. König von Gerar (1. Mose 20,3)
19. Ort, an dem Abraham mit Abimelech einen Schwur leistete (1. Mose 21,31).
20. Zwillingsbruder Jakobs (1. Mose 25,25)
21. Abraham lebte als ______.
22. Gott machte Abraham zum Vater vieler ______ (1. Mose 17,5).
23. Abrahams zweite Ehefrau (1. Mose 25,1)
24. Sohn Isaaks
25. Herkunftsland Abrahams (1. Mose 11,31)
26. Beim Untergang Sodoms trat Abraham für die ______ der Stadt ein (1. Mose 18,23).
27. Rebekkas Bruder (1. Mose 24,29)
28. Abrahams erste Frau (1. Mose 20,2)
29. Zweiter Sohn Abrahams (1. Mose 21,3)
30. Isaaks Frau (1. Mose 24,67)
31. Abrahams Vater (1. Mose 11,31)
32. Abrahams Frau wurde begehrt vom _______.
33. Esaus Frau (1. Mose 26,34)
34. Herkunftsort Abrahams
35. Ismael und Isaak waren _______.
36. Herkunftsland Rebekkas (1. Mose 25,20)
37. Tier, das Abraham anstelle seines Sohnes opferte (1. Mose 22,13).
38. Esau verkaufte an Jakob sein _______ (1. Mose 25,33).

Die zwölf Söhne Jakobs

In diesem Rätsel sind die Buchstaben durcheinandergeraten. Richtig geordnet ergeben sie die zwölf Söhne Jakobs. Wer die Söhne Jakobs nicht kennt, kann in 1. Mose 35,23-26 nachschlagen. Die grauen Kästchen ergeben den Namen von Jakobs Lieblingsfrau.

BNREU
MONSEI
VILE
AJDU
SRHCAAIS
LUBSNEO
FSJOE
MJEBANNI
AND
FITANAL
DAG
SRAES

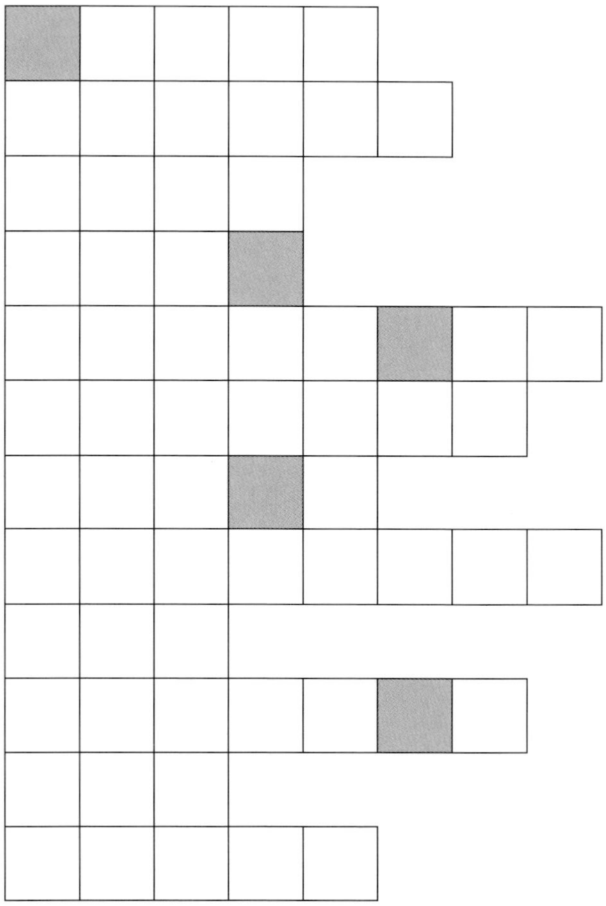

Lösungswort:

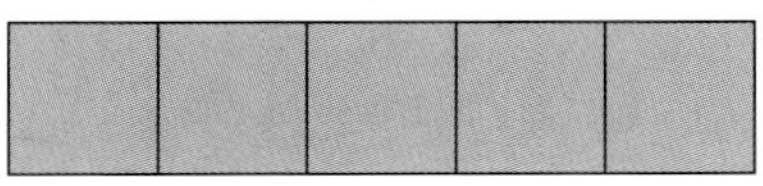

Die Geschichte von Josef

Bei diesem Kreuzworträtsel stammen alle Begriffe aus der Geschichte von Josef, dem Sohn Jakobs. Lies die entsprechenden Bibelstellen und trage die Begriffe in die Kästchen ein. Die Buchstaben in den grauen Kästchen geben ein zentrales Motiv aus Josefs Traum wieder.
Beachte: Ä = AE, Ö = OE und Ü = UE.

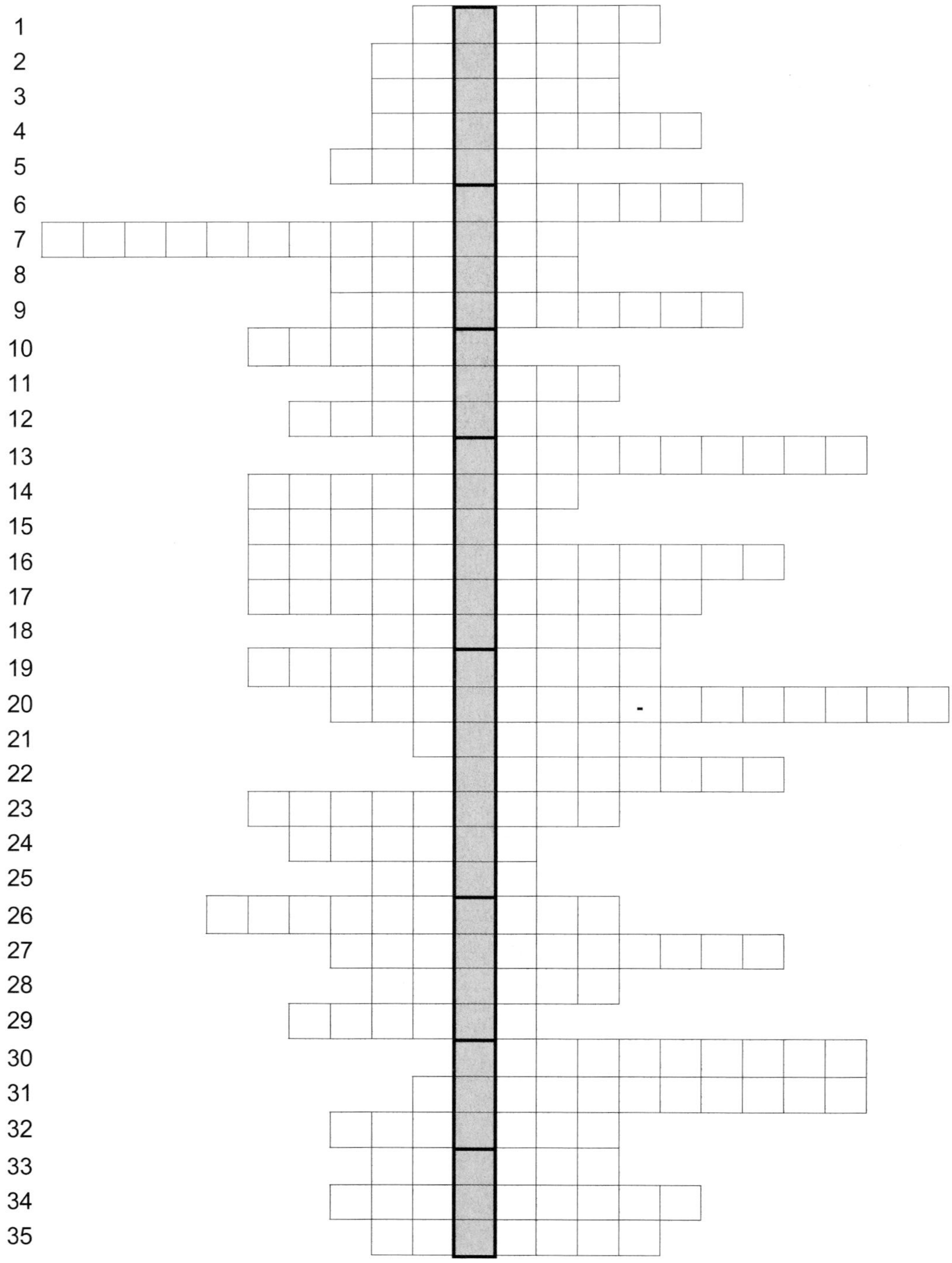

Fragen

1. Jakobs neuer Name (1. Mose 32,29)
2. Anzahl der Söhne Jakobs
3. Jakob wohnte mit seinen Söhnen im Land ________.
4. Jakobs jüngster Sohn
5. Josefs ältester Bruder
6. erster Sohn Josefs (1. Mose 41,51)
7. Josef war der ________ Jakobs (1. Mose 37,3).
8. Josefs Frau (1. Mose 41,45)
9. Beruf eines Mitgefangenen, dem Josef seine Träume deutete (1. Mose 40,1).
10. Josef hütete mit seinen Brüdern die ________ seines Vaters (1. Mose 37,2).
11. Josef wurde von seinen Brüdern als ________ verkauft.
12. Name des Mannes, der Josef kaufte (1. Mose 37,36).
13. Als die Brüder aßen, zog eine Karawane von ________ vorbei (1. Mose 37,25).
14. Josef wurde nach ________ verkauft (1. Mose 37,28).
15. Jakob zerriss seine ________ und trauerte um seinen Sohn (1. Mose 37,34).
16. Seine Brüder verkauften Josef für 20 ________ (1. Mose 37,28).
17. Die Brüder tauchten das Kleid Josefs in das Blut eines ________ (1. Mose 37,31).
18. Beruf des zweiten Mitgefangenen Josefs (1. Mose 40,5)
19. Potifar ließ Josef ins ________ werfen (1. Mose 39,20).
20. Name, den der Pharao Josef gab (1. Mose 41,45).
21. Der Pharao träumte von ________ fetten und mageren Kühen (1. Mose 41,20).
22. Die Brüder Josefs kamen nach Ägypten, um ________ zu kaufen (1. Mose 42,2).
23. Asenath war die Tochter des ________ zu On (1. Mose 41,45).
24. Der Pharao träumte von sieben dicken und dünnen ________ (1. Mose 41,22).
25. Zum Lohn für seine Dienste gab der Pharao Josef seinen ________ (1. Mose 41,42).
26. In Kanaan und Ägypten brach eine ________ aus.
27. Josef gab Benjamin ________ Silberstücke mit auf die Reise (1. Mose 45,22).
28. Gegenstand, den Josef bei seinen Brüdern verstecken ließ (1. Mose 44,2).
29. Josef gab den ________ , ihre Säcke mit Getreide zu füllen (1. Mose 42,25).
30. Jakob und seine Söhne waren von Beruf ________ (1. Mose 47,3).
31. Josef redete mit seinen Brüdern durch einen ________ (1. Mose 42,23).
32. zweiter Sohn Josefs (1. Mose 41,52)
33. Beim Abzug seiner Brüder behielt Josef ________ als Pfand zurück (1. Mose 42,24).
34. Als Josefs Brüder nach Ägypten kamen, dauerte die Hungersnot schon ____ ________ (1. Mose 45,6).
35. Isaaks Vater (1. Mose 25,19)

Josef in Ägypten

In dem Buchstabenrätsel sind 20 Begriffe aus 1. Mose 44,1-34 waagerecht, senkrecht und diagonal versteckt. Suche und markiere sie.

W H C M N F K U F X K C Y M H K Z S I F J L B S
Ü K Ö K Q H V A K J O S E F S F S I Z U L J K R
Ü O L G J B X C N S F J G A Q E E L S H G B C N
J K U G U T D C Y A M O U K N P Ä B K Ö G E Q I
J Ü N G S T E N D A R P H Z B R E E Y S Q Z
J V N C Ä Ü K Ö G E N Ö K H V X R T J S P L
H D Q X S L Z I G H S B D A K P O M V K H S
H F Y N I L T E S I F L N V S O T D B L J L
C A J M L L Ä E E U Ü P J M C B V J G A S R
M K L I B U T W S A K L E I D E R G K V O K
R S V X E A Z S D T L O K I Z U T Z R E E R
M B C X R D G J L Ä E K H F S Q E T K N Ü P
R W C K N A B E G H N N B C W R E C T Z F J
J E H Z E I O P N M H F G S N C Ä S H R T
S F J R Z P T D G V X C I R S I P Ü Ö K
E C B B K H H G J G S M I K N E C H T E
L S G E U O I A B V A E Q A Y R T F X C
L J K C G T F R R J S W A Ü E K L I Z U
S Z I H J G H D N A U M I D Z V T C R X
D G H E V C B E O I O K Ü D G Ü K E Ä M
U K D R B C B S E Ü L R G B C E D Ä L Ö
J R D A G E R I H L B B C Z E I L F S I
I Q Z H A U S H A L T E R B E I P D H
V X N G J O K Z R T D G R L K Z R V
X A H K Z U P L H G C T D J T Z D A
N V G O L D O L H R E D A S Z I H N
R W I H J L K G V G J E I F L S G I

Leben und Wirken von Moses

Das Gitterrätsel fragt nach einigen Begriffen aus der Zeit Mose, als das Volk Israel in Ägypten in Knechtschaft gehalten wurde. Bearbeite die Fragen von Seite 32 mithilfe der angegebenen Bibelstellen.

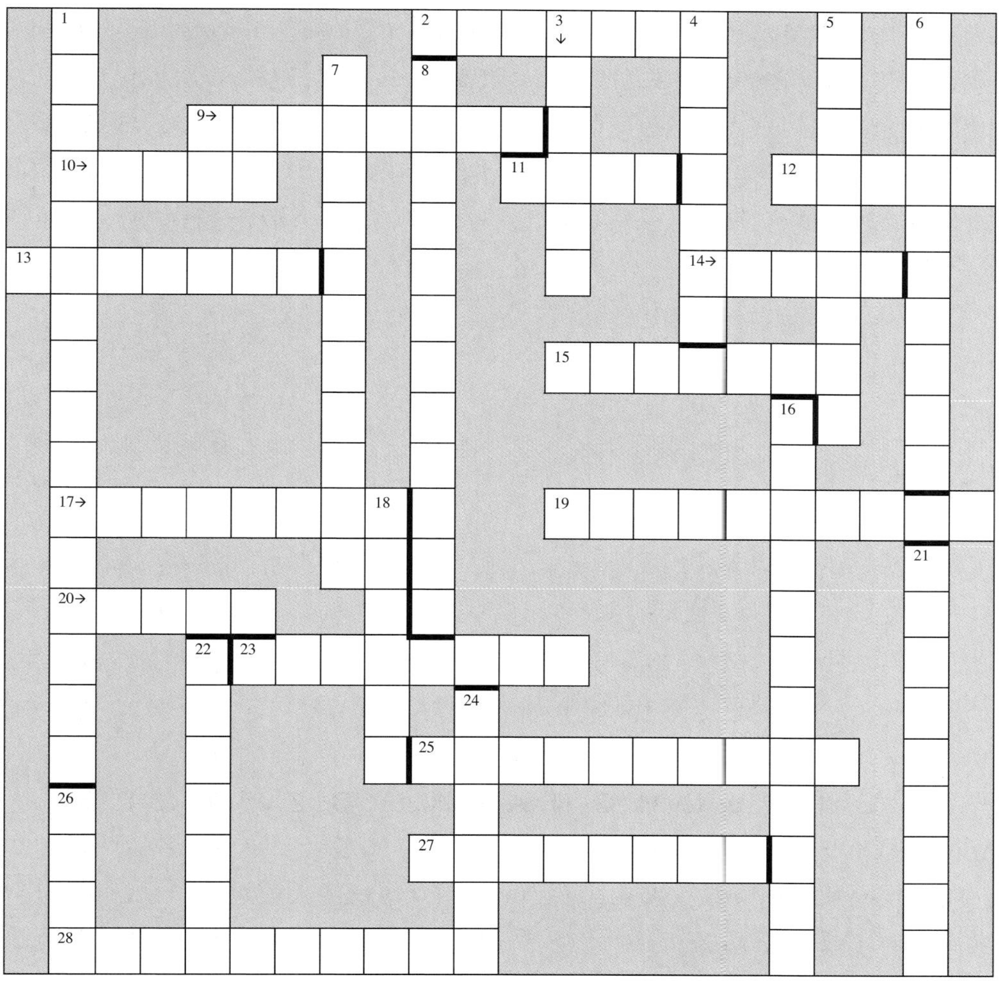

Fragen

1. Person, die den ausgesetzten Säugling Mose fand (2. Mose 2,5)
2. Land, in dem die Geschichte Moses begann
3. Bezeichnung für den Herrscher Ägyptens
4. Ort, an dem das Körbchen mit dem Säugling Mose versteckt wurde (2. Mose 2,3)
5. Das Volk Israel wurde von den Ägyptern in _________ gehalten.
6. Mose erhielt von Gott am Berg Sinai die ___ ________ (2. Mose 20,1 f.).
7. Die dritte Plage (2. Mose 8,12 f.)
8. Die achte Plage (2. Mose 10,1 f.)
9. Die sechste Plage (2. Mose 9,8 f.)
10. Die siebte Plage (2. Mose 9,13 f.)
11. Anzahl der Monate, während der Mose versteckt wurde (2. Mose 2,2)
12. Speise, die Gott den Israeliten in der Wüste schenkte (2. Mose 16,31)
13. Anderes Wort für Israeliten
14. Wer erschien Mose im Dornenbusch (2. Mose 3,2)?
15. Die zweite Plage (2. Mose 7,26 f.)
16. Die vierte Plage (2. Mose 8,16 f.)
17. Beruf von Moses Schwiegervater (2. Mose 3,1)
18. bedeutender Pharao in Ägypten
19. Die zehnte Plage: Tötung der ________ (2. Mose 11)
20. Bruder Moses (2. Mose 4,14)
21. Fest der Israeliten anlässlich der Schonung vor der zehnten Plage (2. Mose 12)
22. Name von Moses Frau (2. Mose 2,21)
23. Name des Sohnes von Mose (2. Mose 2,22)
24. Land, in das Mose floh, nachdem er einen Ägypter erschlug (2. Mose 2,15)
25. Die neunte Plage (2. Mose 10,21 f.)
26. Stammeszugehörigkeit von Moses Vater (2. Mose 2,1)
27. Die fünfte Plage (2. Mose 9,1 f.)
28. Volk, dem Mose angehörte

Die Berufung von Moses

Moses hütete die Schafe seines Schwiegervaters Jitros. Da erschien ihm ein Engel des Herrn in einer feurigen Flamme aus dem Dornbusch. Als Moses hinging, um nachzusehen, warum der Busch nicht verbrannte, sprach Gott zu ihm.
Wenn du den unten stehenden Geheimschlüssel anwendest, erfährst du die Worte Gottes an Moses.

♓♍♒ ♌♓■ ♎♏❒ ♑□⧫⧫ ♋♌❒♋♒♋❍⬧, ♓⬧♋♋🙵⬧ ◆■♎ 🙰♋🙵□♌⬧.
♓♍♒ ♒♋♌♏ ♎♋⬧ ♏●♏■♎ ❍♏♓■♏⬧ ❖□●🙵♏⬧ ♓■ ♋♏♑⍓🞐-
⧫♏■ ♑♏⬧♏♒♏■. ◆■♎ ♓♍♒ ♌♓■ ♒♏❒■♓♏♎♏❒♑♏♐♋♒❒♏■,
♎♋⬧⬧ ♓♍♒ ⬧♓♏ ♏❒❒♏⧫⧫♏ ♋◆⬧ ♎♏❒ ♋♏♑⍓🞐⧫♏❒♒♋■♎
◆■♎ ⬧♓♏ ♒♏❒♋◆⬧♐◆♏♒❒♏ ♓■ ♏♓■ ●♋■♎, ♎♋❒♓■ ❍♓●♍♒
◆■♎ ♒□■♓♑ ♐●♓♏⬧⬧⧫. ⬧□ ♑♏♒ ■◆■ ♒♓■, ♓♍♒ ⬥♓●●
♎♓♍♒ ⌘◆❍ 🞐♒♋❒♋□ ⬧♏■♎♏■, ♎♋❍♓⧫ ♎◆ ❍♏♓■ ❖□●🙵
♋◆⬧ ♋♏♑⍓🞐⧫♏■ ♐◆♏♒❒⬧⧫.

2. ❍□⬧♏ 3,6-10

___ ___ ___ ____ ___________, _______
___ ________. ___ _____ ____ _______ ___-
___ _________ ___ _____________ ___________.
___ ___ ___ ________________________,
____ ___ ___ ___________ ___ ___
_________________ ___ ____ _________________
__ ____ ______, _______ _______ ____ ______
________. __ ____ ____ ____, ____
____ _____ ____ ________ _________,
_____ __ _____ _____ ____ __________
_________.

2. ____ 3,6-10

Codierschlüssel:

A	B	C	D	E	F	G	H	I	J	K	L	M	N	O	P	Q	R	S	T	U	V	W	X	Y	Z
♋	♌	♍	♎	♏	♐	♑	♒	♓	🙰	🙵	●	❍	■	□	🞐	❑	❒	⬧	⧫	◆	❖	⬥	⌧	⍓	⌘

Die zehn Plagen über Ägypten

Der Pharao wollte nicht auf Moses hören und die Israeliten gehen lassen. Daraufhin ließ Gott zehn Plagen über Ägypten hereinbrechen. Entschlüssele mithilfe des unten stehenden Übersetzungscodes die genannten Plagen.

1. ΔΑΣ ΩΑΣΣΕΡ ΔΕΣ ΝΙΛΣ ςΕΡΩΑΝΔΕΛΤΕ ΣΙΧΗ ΙΝ ΒΛΥΤ
2. ΔΙΕ ΠΛΑΓΕ ΜΙΤ ΔΕΝ ΦΡΟΕΣΧΗΕΝ
3. ΔΙΕ ΠΛΑΓΕ ΜΙΤ ΔΕΝ ΣΤΕΧΗΜΥΕΧΚΕΝ
4. ΔΙΕ ΠΛΑΓΕ ΜΙΤ ΔΕΝ ΣΤΕΧΗΦΛΙΕΓΕΝ
5. ΤΙΕΡΣΤΕΡΒΕΝ ΔΥΡΧΗ ςΙΕΗΠΕΣΤ
6. ΔΙΕ ΠΛΑΓΕ ΜΙΤ ΔΕΝ ΒΛΑΤΤΕΡΝ
7. ΔΙΕ ΠΛΑΓΕ ΜΙΤ ΔΕΜ ΗΑΓΕΛ
8. ΔΙΕ ΠΛΑΓΕ ΜΙΤ ΔΕΝ ΗΕΥΣΧΗΡΕΧΚΕΝ
9. ΤΑΓΕΛΑΝΓΕ ΥΝΔΥΡΧΗΔΡΙΝΓΛΙΧΗΕ ΦΙΝΣΤΕΡΝΙΣ
10. ΔΕΡ ΤΟΔ ΔΕΡ ΕΡΣΤΓΕΒΟΡΕΝΕΝ

1. _ _ _   _ _ _ _ _ _ _ _   _ _ _   _ _ _ _   _ _ _ _ _ _ _ _ _ _ _
_ _ _ _   _ _   _ _ _ _

2. _ _ _   _ _ _ _ _ _   _ _ _   _ _ _   _ _ _ _ _ _ _ _ _ _
3. _ _ _   _ _ _ _ _ _   _ _ _   _ _ _   _ _ _ _ _ _ _ _ _ _ _ _ _ _
4. _ _ _   _ _ _ _ _ _   _ _ _   _ _ _   _ _ _ _ _ _ _ _ _ _ _ _ _ _
5. _ _ _ _ _ _ _ _ _ _ _ _ _   _ _ _ _ _ _   _ _ _ _ _ _ _ _ _ _
6. _ _ _   _ _ _ _ _ _   _ _ _   _ _ _   _ _ _ _ _ _ _ _ _
7. _ _ _   _ _ _ _ _ _   _ _ _   _ _ _   _ _ _ _ _
8. _ _ _   _ _ _ _ _ _   _ _ _   _ _ _   _ _ _ _ _ _ _ _ _ _ _ _ _ _
9. _ _ _ _ _ _ _ _ _ _ _   _
_ _ _ _ _ _ _ _ _ _ _ _

10. _ _ _   _ _ _   _ _ _   _ _ _ _ _ _ _ _ _ _ _ _ _ _ _ _

Codierschlüssel:

A	B	C	D	E	F	G	H	I	J	K	L	M	N	O	P	Q	R	S	T	U	V	W	X	Y	Z
Α	Β	Χ	Δ	Ε	Φ	Γ	Η	Ι	ϑ	Κ	Λ	Μ	Ν	Ο	Π	Θ	Ρ	Σ	Τ	Υ	ς	Ω	Ξ	Ψ	Ζ

Pharaonen im Alten Ägypten

Das Buchstabenrätsel enthält waagerecht, senkrecht und diagonal Namen von 29 Pharaonen aus Ägypten von der 11. bis zur 30. Dynastie (ca. 2055 – 332 v. Chr.). Suche und markiere sie.

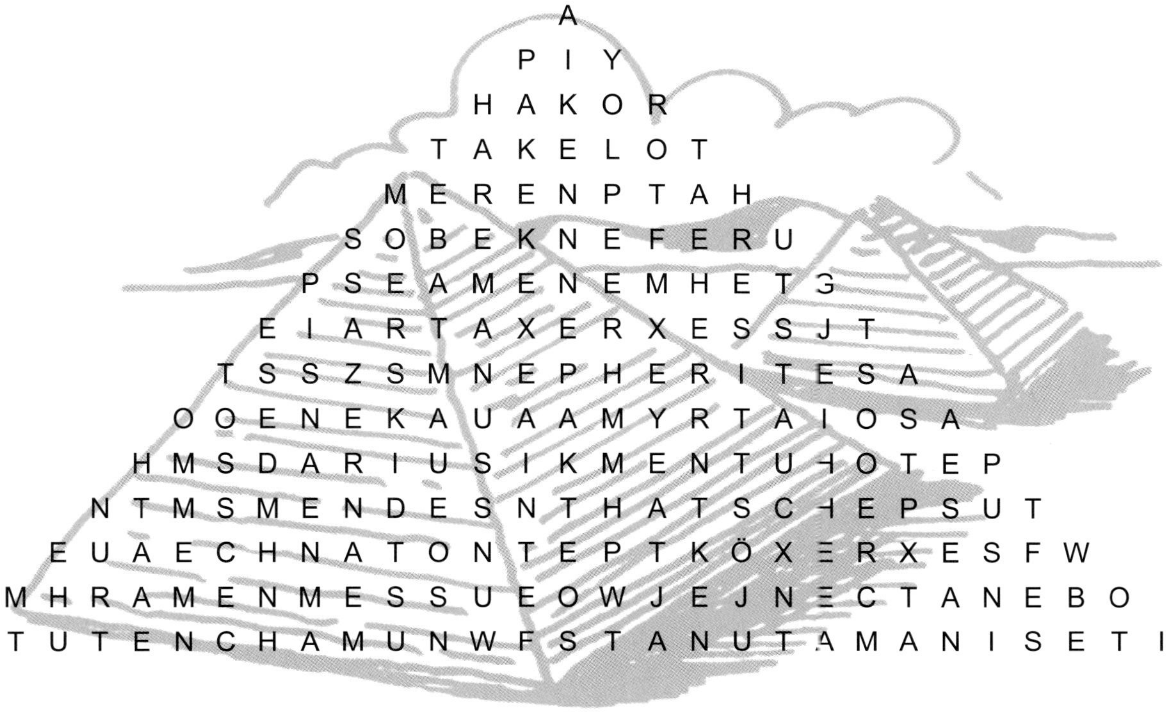

A
P I Y
H A K O R
T A K E L O T
M E R E N P T A H
S O B E K N E F E R U
P S E A M E N E M H E T G
E I A R T A X E R X E S S J T
T S S Z S M N E P H E R I T E S A
O O E N E K A U A A M Y R T A I O S A
H M S D A R I U S I K M E N T U H O T E P
N T M S M E N D E S N T H A T S C H E P S U T
E U A E C H N A T O N T E P T K Ö X E R X E S F W
M H R A M E N M E S S U E O W J E J N E C T A N E B O
A T U T E N C H A M U N W F S T A N U T A M A N I S E T I

Lösungswörter

Amenemhet
Amenhotep
Amenmessu
Amyrtaios
Artaxerxes
Ay
Darius
Echnaton
Hakor
Hatschepsut
Intef
Mentuhotep
Merenptah
Nectanebo
Nekau
Nepherites
Piy
Ramses
Seti
Setnakhte
Smendes
Sobekneferu
Taa
Takelot
Tanutamani
Teos
Thutmosis
Tutenchamun
Xerxes

4. Leben im Altertum

Der Turmbau zu Babel

Die Stadt Babel ist der Ort, an dem sich die Sprache aller Welt „verwirrte“ und sich die Völker über die ganze Erde zerstreuten. Suche in dem Buchstabenturm waagerecht und senkrecht die sechs biblischen Völker der damaligen Zeit.

W Z I

S G J

V E G

Q Ä W R E T R

A G S F D G F

H Y J H K J L

B P N J Z J I

I T U G H C D

Q A W E D R F T G Z H

A Y S R D C F V G B H

L P M G N F B D V S C

C A X W R B T N U M K

P Ö O M O A B I T E R

N V B I M X H G J F K D L S Ö

H F D S V K J Q W Y C B M L Ö

T H U R I K O L P Ö A Y S X D

F V G A H N J M K L Ö U J Z H

Q D S Y C E J H R T I U M K H B F G A

H D F C X L P Ö K L M H U T G D R V M

C X B M N I D J H T F S X V N H K T M

Q A W S R V D C T X A Y H N J M K L O U H O G V S

X Z E I U K D Q E X N A S S Y R E R N B C N E R A

Y P I K Z N H F N K L Ö Ä F D S Q G C K S I W U T

D U G K A N A A N I T E R W F H T W A G I T O L E

M B J G U T Z R H F B C V X F S R W E Q O E I K U

Q A W S E D R F V T B G Z N H J U I K M L R K U H

Lösungswörter

Assyrer – Kanaaniter – Israeliten – Moabiter – Ägypter – Ammoniter

Geschichte und Lebenswelt zur Zeit des Alten und Neuen Testaments

Trage die Antworten in die entsprechenden Kästchen ein. In den grauen Feldern erhältst du das Lösungswort. Es stammt aus dem Griechischen und bedeutet „Zerstreuung". Es meint die jüdische Minderheit, die abgelegen vom Stammland ihrer Religion lebt.

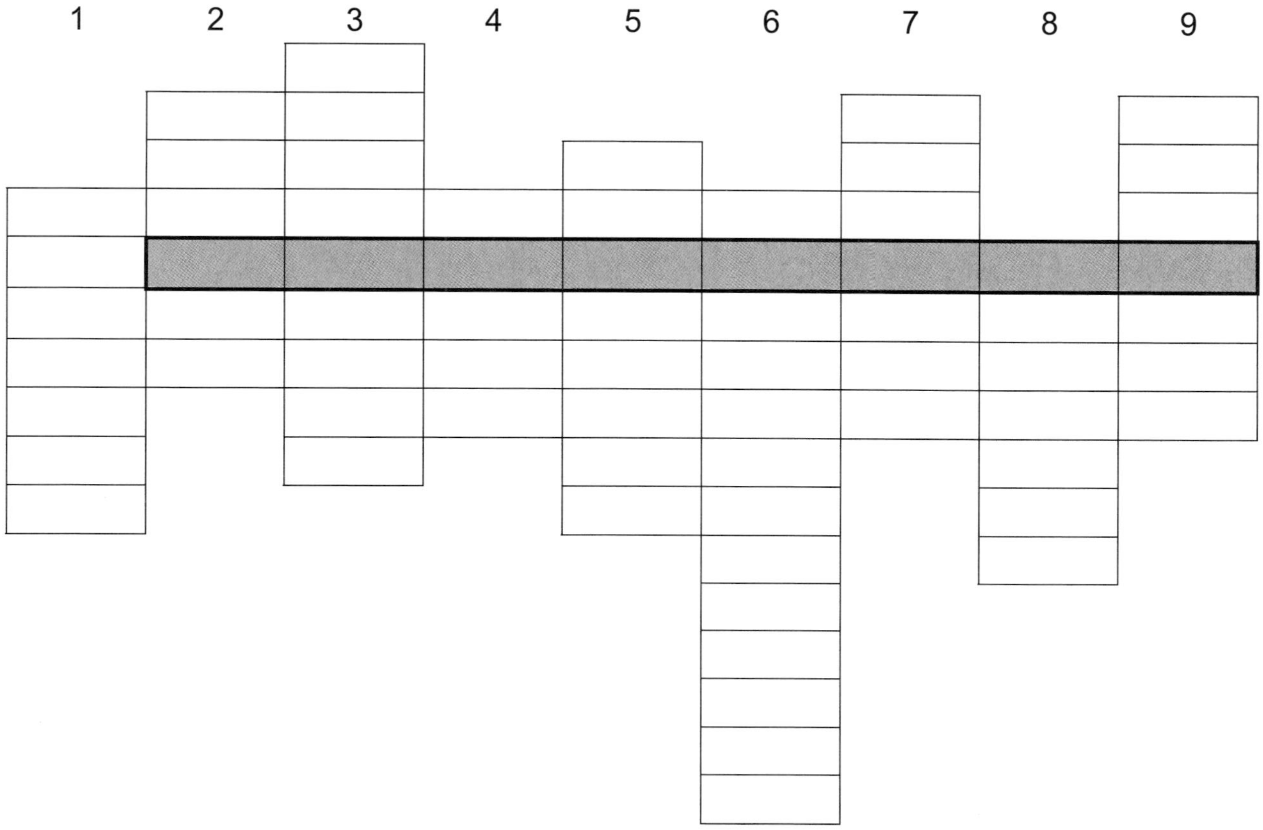

1. Mitglieder des Priesterstammes, der nach einem Sohn Jakobs benannt ist
2. Befreiung und Auszug aus Ägypten (*lat. Bezeichnung*)
3. Religiöse Gruppierung innerhalb des Judentums, die eine streng gesetzestreue Richtung vertritt
4. Speise der Israeliten in der Wüste
5. Mensch, der sich für eine bestimmte Zeit völlig Gott weiht, kultisch rein bleibt, keinen Alkohol trinkt und sich die Haare nicht schneidet
6. Versammlung in Jerusalem um 50 n. Chr.; behandelt wurde die Frage, ob der Weg zum Christentum über das Judentum führt oder nicht
7. Fanatische jüdische Freiheitskämpfer
8. Charismatische Führer des Volkes in vorköniglicher Zeit
9. Umherziehende Hirtenvölker

Lebensweise der alten Israeliten

Bei diesem Kreuzworträtsel müssen einige typische Begriffe aus dem täglichen Leben des Volkes Israel ermittelt werden. Das Lösungswort in den grauen Kästchen bezeichnet ein großes jüdisches Fest im Herbst.

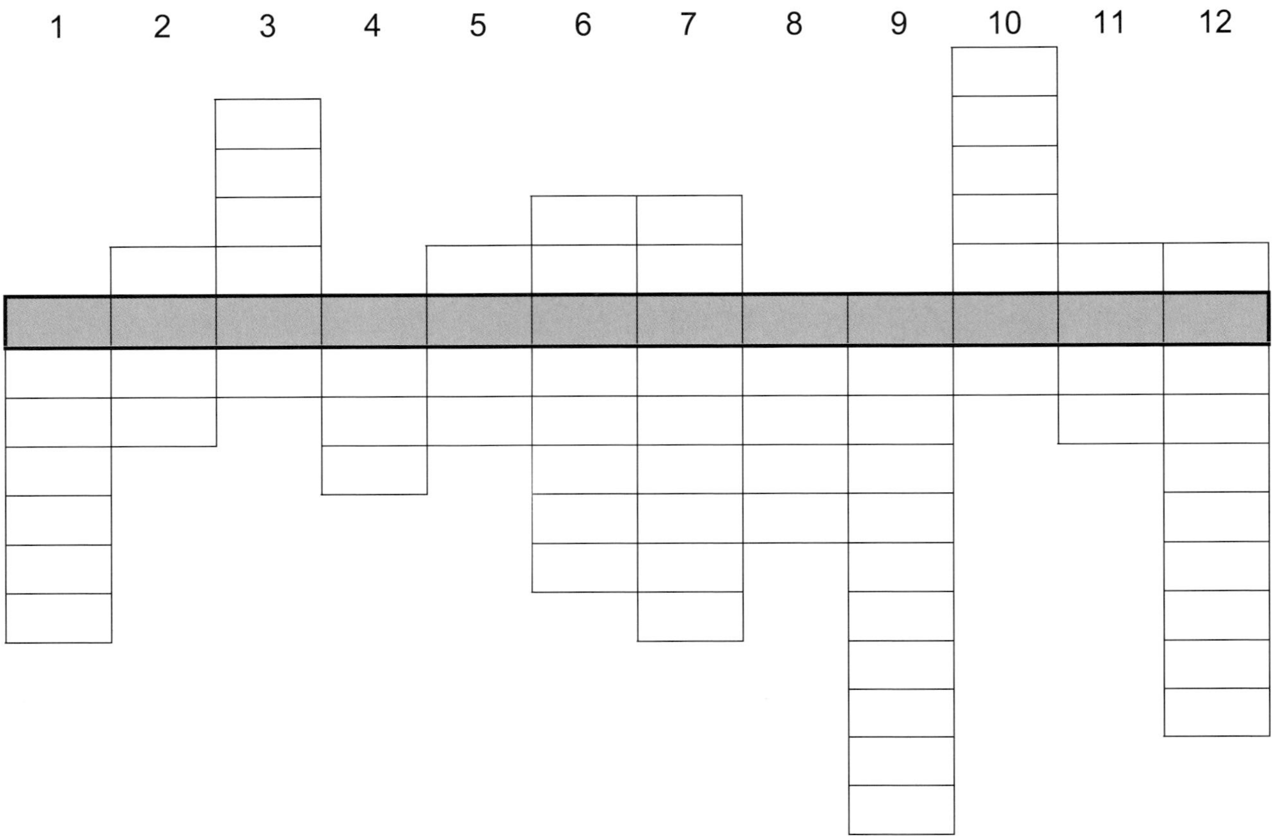

1. Tag des Monatsbeginns im Alten Orient
2. Wohnsitz von Halbnomaden; aus Ziegenhaaren gefertigt und mit Stangen, Pflöcken, Stricken aufgestellt
3. Regelmäßige Geld- oder Sachabgaben eines Besiegten an den Sieger
4. Schweres Holzgestell, das Zugtieren aufgelegt wird
5. Lebensnotwendiges Gewürz, das aus dem Toten Meer gewonnen wird
6. Beutelförmiger Behälter zur Aufbewahrung von Wein
7. Membran, aus ungegerbten Tierhäuten hergestellt, die als Schreibpapier dient
8. Großfamilie
9. Stab mit Emblem als taktisches Hilfsmittel im Krieg
10. Übernatürliche Kräfte und Mächte, die als Ursache für Krankheiten gehalten werden
11. Zuflucht für Verfolgte; bestimmte Altäre und Städte sind als Zufluchtsorte ausgeschrieben
12. Häufigste Todesstrafe im alten Israel; einige Propheten erlitten dieses Schicksal

Die Könige von Juda und Israel

In dem Buchstabenrätsel befinden sich die Namen von 30 Königen von Juda und Israel, die in der Zeit von ca. 1050 v. Chr. – 587 v. Chr. regierten. Suche sie waagerecht, senkrecht sowie diagonal und markiere sie.

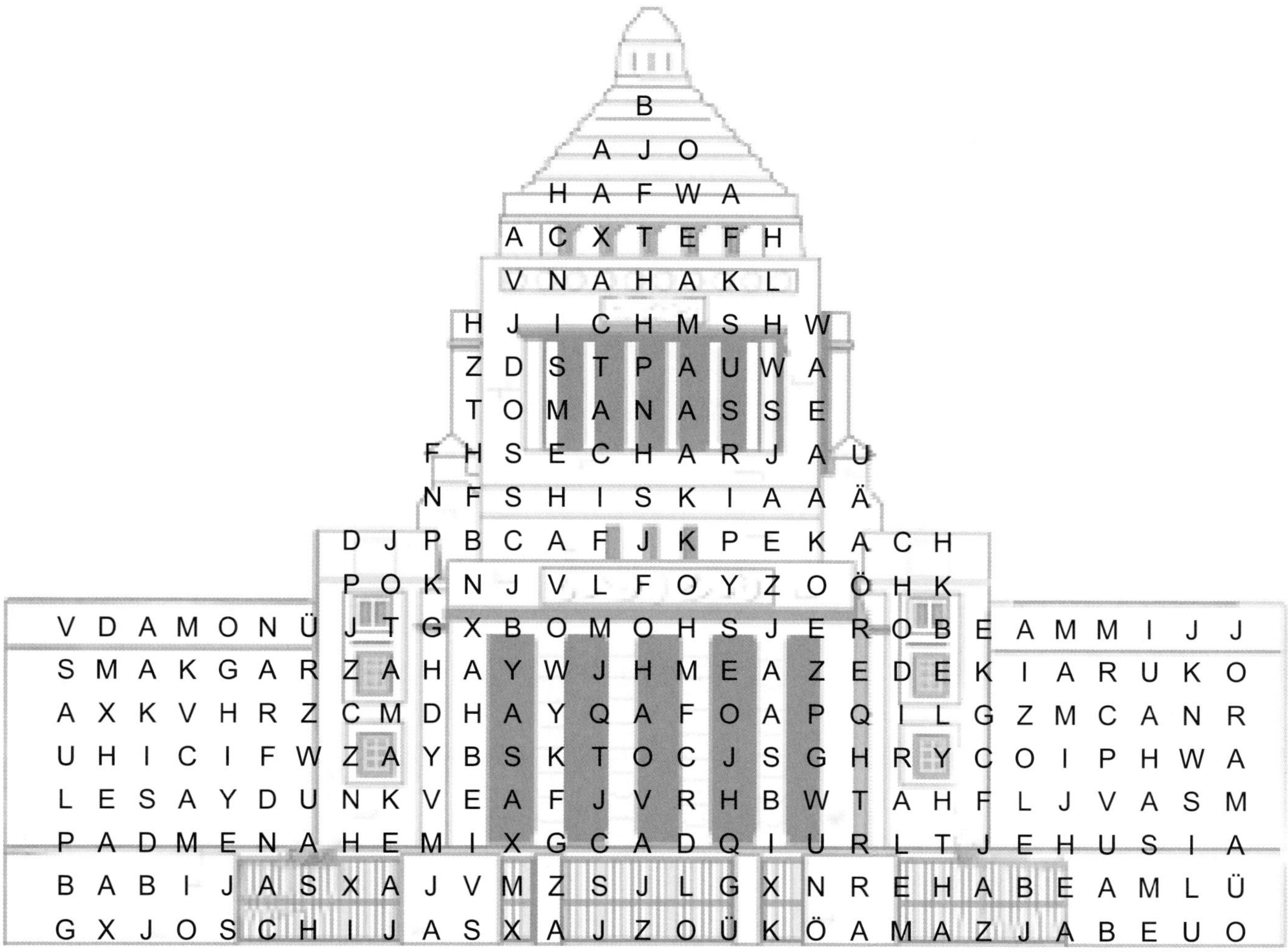

Lösungswörter

Abija
Ahab
Ahas
Ahasja
Amazja
Amon
Asa
Asarja
Bascha
David
Ela
Hiskia
Hoschea
Jehu
Jerobeam
Jojachin
Joram
Josaphat
Joschija
Jotam
Manasse
Menahem
Nadab
Omri
Pekach
Rehabeam
Salomo
Saul
Secharja
Zedekia

Römische Kaiser

In diesem Wortsuchrätsel verstecken sich senkrecht, waagerecht und diagonal 31 römische Kaiser. Finde und markiere sie.

F A S K L
N A V I T E L L I U S F B
N K F A S E P T I M I U S S E V E R U S Ö
W B Z E Q I L K C O M M O D U S N K F G A L E R I U S
V S R I L D L I O D S E G D Y A V K G A L L I E N U S
E V L U K B C H U U K G X A I C A R A C A L L A X V G
S Z J L F U T T I D B D J D L R U T K H D T K F J B N
P O | O W C | R F R | B W I | I D O | L U
A C | A E A | Q O C | Q A B | O T N | Q C
S U | D P U | G J L | N L E | K I S | M A
I Q | S R R | E D A | E V R | L T T | A L
A H | S O E | S O U | R L I | E U A | X I
N A | O B L | W M D | V V U | T S N | I G
C D | W U I | R I I | A K S | I L T | M U
Ä R | F S A | C T U | D U O | A B I | I L
S I | W O N | W I S | R R G | N D N | A A
A A A L I C I N I U S A E S A E C T R A J A N J K N O
R N D A U G U S T U S N Ä C N Z M A R K A U R E L T K

Lösungswörter

Augustus
Aurelian
Cäsar
Caligula
Caracalla
Carus
Claudius
Commodus
Decius
Diokletian
Domitian
Galba
Galerius
Gallienus
Gordian
Hadrian
Julian
Konstantin
Licinius
Mark Aurel
Maximian
Nero
Nerva
Otho
Probus
Septimius Severus
Tiberius
Titus
Trajan
Vespasian
Vitellius

Griechische und römische Götter

Bei diesem Gitterrätsel werden waagerecht und senkrecht Götter der griechischen und römischen Mythologie gesucht. Beantworte hierzu die Fragen von Seite 42 und trage das passende Lösungswort an der entsprechenden Stelle ein.

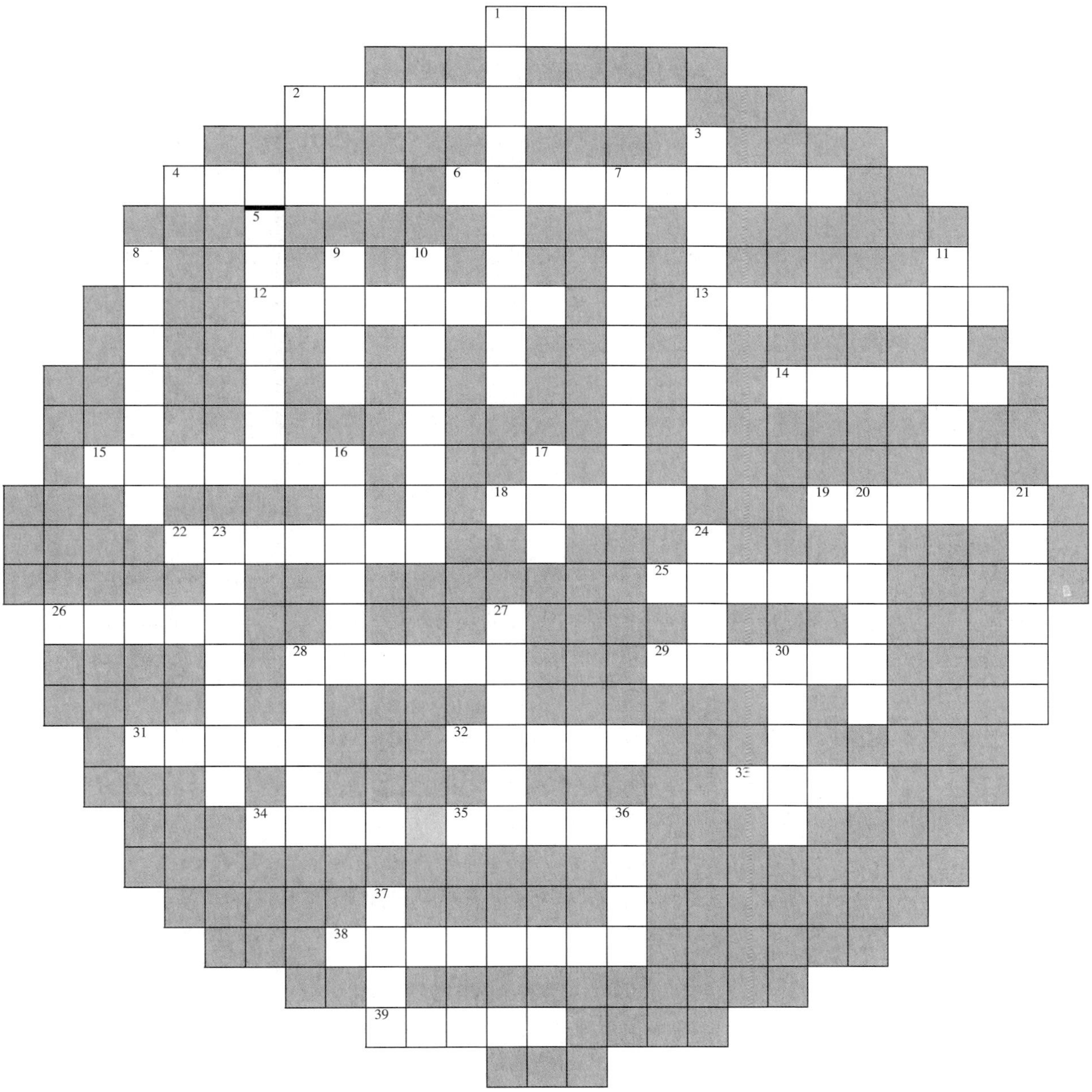

Fragen

waagerecht

1. arkadischer Gott der Schafhirten
2. röm. Entsprechung zu Persephone
4. Schicksalsgöttinnen
6. Gott der Schmiede und anderer Handwerker
12. Gott des Meeres
13. Rachegöttinnen
14. röm. Entsprechungen zu den Erinnyen
15. röm. Entsprechung zu Athene
18. Gott der Unterwelt
19. Fährmann des Hades in die Unterwelt (über den Fluss Styx)
22. röm. Entsprechung zu Dionysos
25. röm. Entsprechung zu Hermes
26. röm. Entsprechung zu Hades
28. Sitz des berühmtesten Orakels der Antike
29. röm. Entsprechungen zu den Moirai
31. röm. Göttin der blühenden Pflanzen
32. röm. Entsprechung zu Aphrodite
33. höchster Gott
34. röm. Entsprechung zu Ares
35. röm. Herdgöttin
38. röm. Entsprechung zu Hephaistos
39. Wohnsitz der griech. Götter

senkrecht

1. Tochter des Zeus und der Demeter, Frau des Hades und Göttin der Unterwelt
3. Heilgott
5. röm. Entsprechung zu Zeus
7. Göttin der Liebe
8. jungfräuliche Göttin der Geburt und der wilden Tiere (dadurch auch der Jagd)
9. aus Ägypten stammende Mysteriengöttin
10. Gott des Weines und der Vegetation überhaupt
11. Göttin des Getreides und der Erde
16. Göttin der Künste, Handwerker und des Krieges
17. röm. Entsprechung zu Eirene
20. Herold und Bote der Götter und Geleiter der Reisenden
21. röm. Entsprechung zu Poseidon
23. Gott der Jugend, der Musik, der Weissagung, des Bogenschießens, der Heilkunst
24. Göttin der Ehe und Herrin des Himmels
27. Friedensgöttin
28. röm. Entsprechung zu Artemis
30. röm. Entsprechung zu Demeter
36. Gott des Krieges
37. röm. Entsprechung zu Hera

Lösungswörter

Aphrodite/Venus – Apollon – Ares/Mars – Artemis/Diana – Athene/Minerva – Asklepios – Charon – Delphi – Demeter/Ceres – Dionysos/Bacchus – Eirene/Pax – Erinnyen/Furien – Flora – Hades/Pluto – Hephaistos/Vulcanus – Hera/Juno – Hermes/Merkur – Isis – Moirai/Parcae – Olymp – Pan – Persephone/Proserpina – Poseidon/Neptun – Vesta – Zeus/Jupiter

5. Die Propheten

Prophet – Kritiker der Mächtigen, Anwalt der Armen (I)

Das hebräische Wort für Prophet lautet „nabi". Es bedeutet sowohl „Gerufener" als auch „Rufer". Seine Aufgabe, zu der er von Gott berufen war, sah der Prophet darin, die Menschen zur Umkehr aufzurufen. Er wollte die Menschen wieder zu Gott zurückführen. Die Propheten traten daher vor allem zu den Zeiten auf, in denen Menschen Gott vergessen hatten.

Aufgaben:

1. Stelle Begriffe zusammen, die mit dem Wort „Ruf" zu tun haben, und trage sie in das Schema ein.

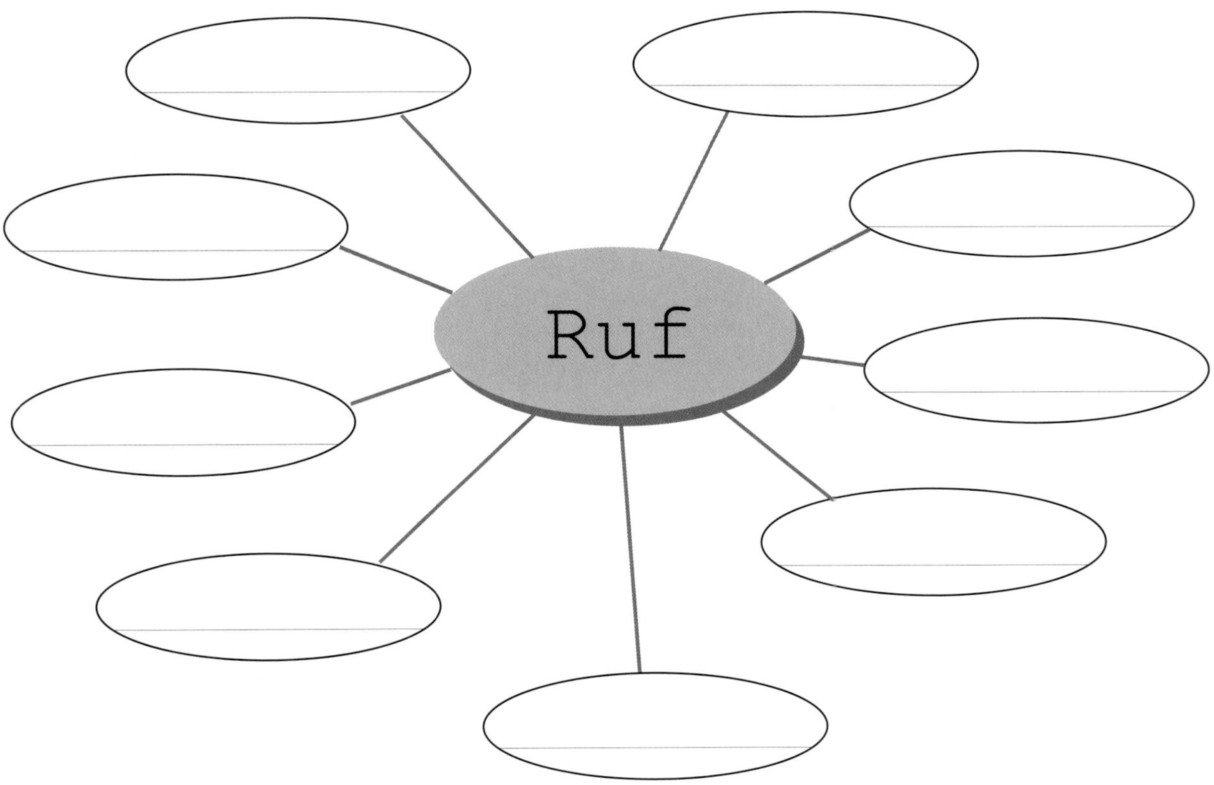

Prophet – Kritiker der Mächtigen, Anwalt der Armen (II)

2. Ergänze die Liste der Propheten mithilfe der Bibel.

Propheten	Abkürzung	Anzahl der Kapitel
Je □ □ ja	J □ □	□ □
Jeremia	J □ □	□ □
H □ sekiel	H □ s	□ □
D □ □ iel	D □ n	□ □
Ho □ □ a	□ □ □	□ □
□ □ el	□ □ □ □	□
A □ □ □	Am	□
□ badja	□ □ □	□
J □ □ a	□ □ □ □	□
Mi □ □ □	Mi	□
Na □ □ m	N □ □	□
Ha □ □ □ □ k	Ha □	□
Zefan □ a	□ □ □	□
Ha □ □ ai	Ha □	□
Sa □ □ a □ □ a	□ □ □ □	□ □
Ma □ eachi	M □ □	□

3. Entschlüssele mithilfe des unten stehenden Codes sieben Missstände, die die Propheten im Alten Testament anprangerten.

ΒΕΤΡΥΓ, ΥΝΤΕΡΔΡΥΕΧΚΥΝΓ, ΒΕΣΤΕΧΗΥΝΓ, ΔΙΕΒΣΤΑΗΛ, ΜΕΙΝΕΙΔ, ΤΙΕΡΟΠΦΕΡ, ΓΟΕΤΖΕΝςΕΡΕΗΡΥΝΓ

_ _ _ _ _ _ _, _, _,

_ _ _ _ _ _ _ _ _ _ _ _ _ _ _ _ _ _, _ _ _ _ _ _ _ _ _ _ _ _ _ _ _, _ _ _ _ _ _ _ _ _ _ _ _ _ _ _ _ _ _,

_ _

Codierschlüssel

A	B	C	D	E	F	G	H	I	J	K	L	M	N	O	P	Q	R	S	T	U	V	W	X	Y	Z
Α	Β	Χ	Δ	Ε	Φ	Γ	Η	Ι	δ	Κ	Λ	Μ	Ν	Ο	Π	Θ	Ρ	Σ	Τ	Υ	ς	Ω	Ξ	Ψ	Ζ

Wie heißen die Propheten?

Die Namen der 16 prophetischen Bücher sind im unten stehenden Buchstabenrätsel versteckt. Sie finden sich waagerecht, senkrecht, diagonal. Schaue im Alten Testament nach, und markiere sie im Rätsel. Der Name eines Buches ist als Beispiel gekennzeichnet.

B	K	U	W	X	K	Q	R	M	A	H	T	W	X	Z	U	A	L	M	N	K
A	C	D	K	W	U	R	T	W	X	Z	K	U	W	Q	J	E	T	H	A	F
K	D	S	A	F	E	L	M	O	P	N	V	X	Q	N	S	R	L	O	Y	G
A	P	A	R	N	K	L	Ö	B	V	W	M	T	A	A	J	I	R	A	U	F
B	Z	C	Z	T	I	W	Z	A	F	A	N	F	A	G	Z	Ö	I	Z	A	L
C	U	H	O	R	T	E	L	D	Q	E	E	J	S	F	T	M	K	U	X	Z
T	W	A	M	E	A	P	L	J	V	Z	K	O	Q	W	E	O	Y	W	K	U
K	J	R	K	U	O	L	W	A	F	F	N	E	A	R	S	E	K	E	A	S
L	E	J	B	H	A	G	G	A	I	D	M	L	E	Q	W	Ö	X	B	W	C
W	S	A	L	S	P	G	Q	Q	X	Ö	Z	J	V	Z	L	M	O	F	T	R
P	A	N	A	H	U	M	A	H	L	P	R	F	Z	I	O	A	D	P	Z	A
B	J	A	W	Q	W	H	D	J	K	O	W	J	O	N	A	L	P	Y	Q	R
S	A	O	S	E	F	O	C	H	A	B	A	K	U	K	G	E	Q	W	H	J
A	T	Z	A	K	V	S	B	S	H	A	Q	V	I	G	T	A	R	K	W	X
W	U	G	M	G	G	E	M	D	M	G	Z	R	K	M	J	C	M	X	Z	U
Q	K	F	O	H	Z	A	M	I	C	H	A	E	L	N	N	H	R	E	T	S
R	L	X	S	N	J	S	Ö	T	E	B	P	U	A	F	W	I	V	G	F	Z
K	M	F	M	U	K	Z	L	M	T	U	R	S	X	H	G	T	H	B	J	T
W	U	R	S	K	T	X	Q	W	C	H	E	S	E	K	I	E	L	U	X	Y
S	M	Q	W	A	P	Z	W	R	T	A	O	P	F	W	R	E	K	R	T	U
O	S	K	F	V	B	S	T	H	A	K	W	U	K	G	Z	U	L	Z	Y	B

Schreibe die Lösungswörter hier auf:

Jesaja

Welcher Prophet war es?

1. □□□□□□□ verkündet einen neuen Bund Gottes mit seinem Volk Israel und kauft in Gefangenschaft einen Acker als Zeichen der Hoffnung auf Befreiung und Rückkehr.
2. □□□□□□ sang ein Lied vom Weinberg.
3. □□□□□□□□ zeichnete sich als einer der drei großen Propheten durch seine Visionen aus.
4. □□□□ wurde vor den Augen seines Schülers zum Himmel entrückt.
5. □□□□□□ trat als Prophetin und Richterin auf; ihr berühmtes Siegeslied gilt als einer der ältesten Texte der Bibel.
6. □□□□ stammte aus dem Süden, trat jedoch im Nordreich Israel auf und übte scharfe Sozialkritik.
7. □□□□ wollte nicht in die gottlose Stadt Ninive gehen.
8. □□□□□□□ ist durch seine Tempelrede bekannt geworden.
9. □□□□ stammte aus Tekoa.
10. □□□□□□□□ wirkte als einer der großen Propheten im babylonischen Exil.
11. □□□□□□ und □□□□□□□□ setzten sich besonders für den Wiederaufbau des Tempels ein.
12. □□□□□□ ist das kleinste Prophetenbuch des Alten Testaments.
13. □□□□□□ spricht vom kommenden Menschensohn.
14. □□□□□□ weissagte König David den ewigen Bestand seiner Dynastie.
15. □□□□□□□ drückte auch seine inneren Gefühle aus in sogenannten Bekenntnissen bzw. Konfessionen.
16. □□□□□□□□ hatte eine Vision von verdorrten Gebeinen.
17. □□□□□ überlieferte den Satz: „Liebe will ich, nicht Schlachtopfer.“
18. □□□□ tritt vor allem für Recht und Gerechtigkeit ein und sagte den Satz: „Ich hasse eure Feste, ich verabscheue sie.“
19. □□□□□□□□ spricht vom wiederkommenden Elia am „Tag des Herrn“.
20. □□□□□□□ spricht von der Verheißung eines „neuen Bundes“.

Lösungswörter

Amos – Jeremia – Obadja – Jeremia – Amos – Jeremia – Maleachi – Hesekiel – Haggai und Sacharja – Nathan – Amos – Jesaja – Jona – Hosea – Daniel – Hesekiel – Jeremia – Hesekiel – Elia – Debora

Der Prophet Jona

Wortsuchrätsel

In dem Wortsuchrätsel sind 20 Begriffe aus der Geschichte von Jona 1-4 senkrecht, waagerecht und diagonal versteckt. Suche und markiere sie.

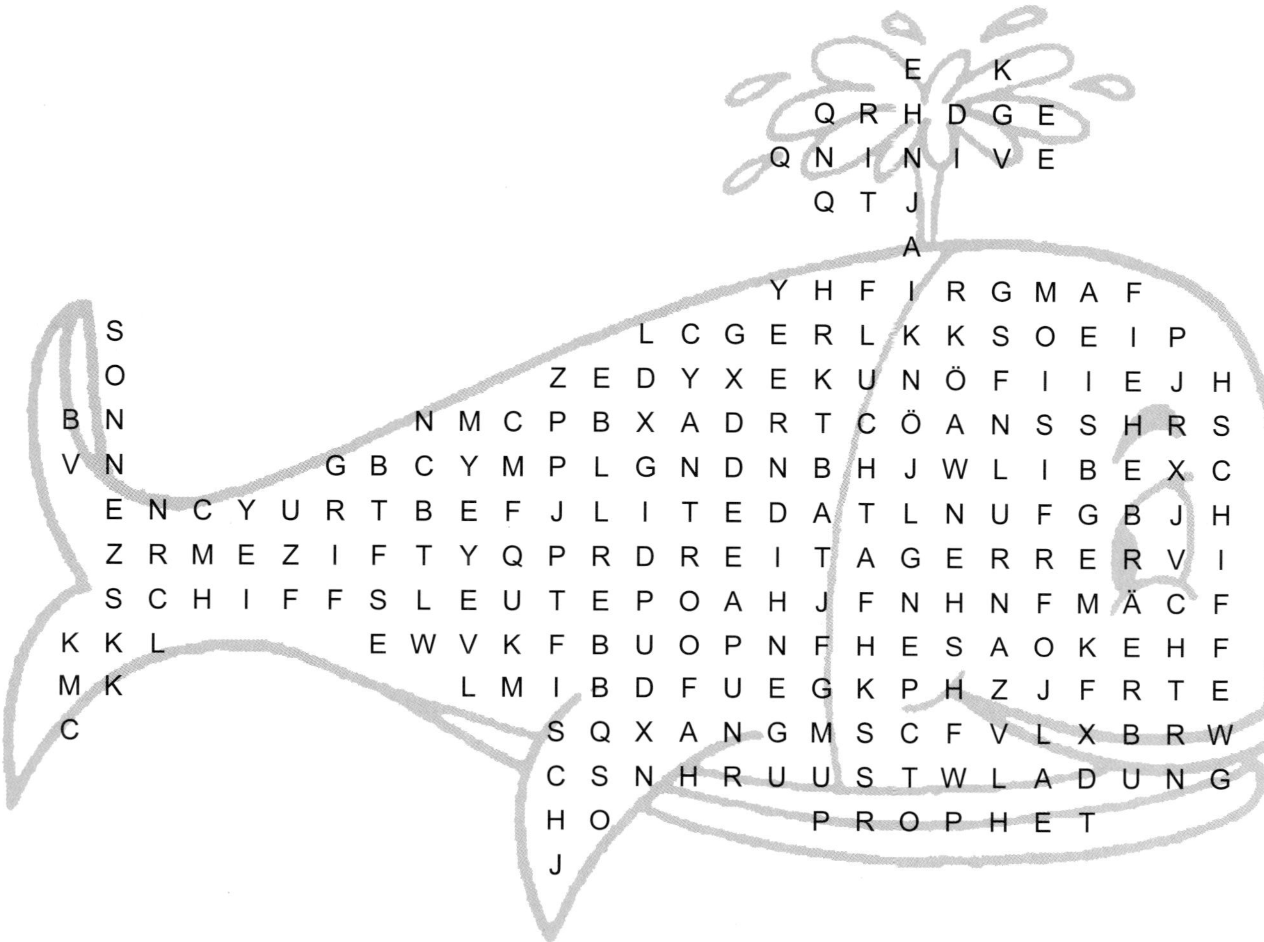

E K
Q R H D G E
Q N I N I V E
Q T J
A
Y H F I R G M A F
S L C G E R L K K S O E I P
O Z E D Y X E K U N Ö F I I E J H
B N N M C P B X A D R T C Ö A N S S H R S
V N G B C Y M P L G N D N B H J W L I B E X C
E N C Y U R T B E F J L I T E D A T L N U F G B J H
Z R M E Z I F T Y Q P R D R E I T A G E R R E R V I
S C H I F F S L E U T E P O A H J F N H N F M Ä C F
K K L E W V K F B U O P N F H E S A O K E H F
M K L M I B D F U E G K P H Z J F R T E
C S Q X A N G M S C F V L X B R W
C S N H R U U S T W L A D U N G
H O P R O P H E T
J

Buchstabenkolonne

Wenn du alle **B/b, K/k, M/m** und **P/p** streichst, erhältst du als Lösung den Satz, den Jona den Menschen in Ninive sagen sollte.

MbKEbmps PMksmPbiknPdmB mPnbPmPopMbKcpMBphmE bMmpPKvpKibMeMBrpKzmP-ibgM PbTmPabmgPeP, mKdBapBnmPnb PMwmirmbdp MpNBipMnBPimBvPe mzBePMrb-sPtMböPrt MbwPBemBrpdBpMKbeBmbPkKmBnmPpKmBPkMbPMkBbMkPpKmMkBpmK.

__ ____ ____ ________ ____, ____

____ _______ ________ _______.

Jona erhält einen Auftrag

Bei diesem Kreuzworträtsel müssen die Lösungswörter in die Kästchen eingetragen werden. Lies Jona 1-4 und beantworte die Fragen von Seite 49. In den grauen Feldern erhältst du den Auftrag, den Gott Jona gab.

Fragen

1. Name von Jonas Vater
2. Stadt, in die Jona fliehen wollte
3. Verkehrsmittel, mit dem Jona floh
4. Jona wurde von einem ... verschlungen.
5. Anzahl der Tage, die Jona im Fisch verbrachte
6. Jonas Herkunftsland
7. Tiere, die weder Wasser noch Nahrung bekommen sollten
8. Die Schiffsleute hatten _______ .
9. Die Matrosen warfen die _______ ins Meer.
10. Gott ließ einen großen _______ aufkommen.
11. Die Schiffsbesatzung brachte Gott _______ dar.
12. Nach _______ Tagen sollte Ninive zerstört werden.
13. In seiner Not _______ Jona zu Gott.
14. Du warfst _______ in die Tiefe, mitten ins Meer.
15. Nach drei Tagen spie der Fisch Jona ans _______.
16. Die Leute von Ninive glaubten an Gott und ließen ein _______ ausrufen.
17. Die Leute von Ninive sollten sich in _______ und Asche hüllen.
18. Der König stand von seinem _______ auf.
19. Jona hatte große _______ vor den Menschen in Ninive.
20. Gott _______ den Menschen von Ninive.
21. Daraufhin wurde Jona sehr _______.
22. Jona ließ sich _______ der Stadt nieder.
23. Die Pflanze, die Gott wachsen ließ, _______.
24. Jona baute sich eine _______.
25. Der König legte seinen _______ ab.
26. Jona setzte sich in den _______ seines Laubdaches.
27. Gott ließ eine _______ wachsen.
28. Jona _______ und sprach: Es sind noch 40 Tage, so wird Ninive untergehen.
29. Tier, das Gott kommen ließ, damit die Pflanze verdorrte
30. Jona _______ sich sehr über die Staude.
31. Die Einwohner von Ninive fanden vor Gott _______.
32. Die Menschen von Ninive entgingen Gottes _______.
33. Gott forderte von Jona _______.
34. Volk, zu dem Jona gehörte

6. Jesus Christus

Der historische Jesus

Bearbeite den folgenden Text, indem du die unten stehenden Lückenwörter einsetzt.

Jesus Christus

Die Evangelien, also die □□□□□-□□□□-□□-□□□□□□□□□ des Neuen Testaments berichten ausführlich über das Leben und Wirken Jesu. Heute wissen wir, dass sie zwar nicht zur □□□□□□□□□□ Jesu geschrieben wurden, aber doch unmittelbar danach. Das älteste Evangelium, das □□□□□□□□□□□□□□□□, wurde schon vor dem Jahr 70 nach Christus geschrieben. Das □□□□□□□□-□□□□□□□□□□ wurde als letztes um 100 nach Christus geschrieben. Die Autoren der Evangelien standen den Ereignissen um Jesus somit zeitlich noch relativ nahe.

Erwähnenswert sind auch außerbiblische Quellen, von denen es leider nicht allzu viele gibt. Der jüdische Geschichtsschreiber □□□□□□□ □□□□□□□□ berichtet an zwei Stellen über Jesus und seine Anhänger. Die Römer □□□□□□□, □□□□□□□ und □□□□□□ berichten über frühe Christen. Tacitus erwähnt auch die Verurteilung Jesu durch □□□□□□□ □□□□□□□.

Wie die Bibelforschung ergab, wurde Jesus vermutlich um das Jahr 6 v. Chr. in □□□□-□□□□□ geboren. Dafür sprechen u. a. die Angaben im Matthäusevangelium über Herodes den Großen, der schon im Jahr 4 v. Chr. gestorben ist.

Der Wohnort □□□□□□□□ kann als sehr wahrscheinlich angesehen werden. Nazareth war ein kleines, völlig unbedeutendes Dorf. Wenn die Evangelien schon Nazareth angegeben haben, muss es wohl stimmen, denn wer würde freiwillig einen solch unbekannten Ort als Heimat einer so bedeutenden Persönlichkeit wie Jesus Christus auswählen.

Jesus war □□□□ und hat als solcher gelebt und gepredigt. Der Name Jesus war ein verbreiteter jüdischer Name, der sich mit □□□□□ □□□□□ oder „Gotthilf" übersetzen lässt. Sein Vater war □□□□□□□□□□, und man kann davon ausgehen, dass Jesus, wie es damals üblich war, den gleichen Beruf erlernt hat. In den Evangelien werden auch Brüder und Schwestern Jesu genannt.

Als Muttersprache hat Jesus □□□□□□□□□ gesprochen, konnte die □□□□□-□□□□□ Bibel lesen und war wohl auch, wie viele Palästina-Juden, in der Lage, sich im □□□□□□□□□□□□, der im Mittelmeerraum am weitesten verbreiteten Sprache, auszudrücken.

Über sein Äußeres ist nichts bekannt. Man kann nur vermuten, dass er ähnlich aussah wie Juden und die □□□□□□□□□□ seiner Zeit, die auf Münzen und in Mumienporträts als bärtige Mittelmeercharaktere dargestellt wurden.

Jesus schloss sich der Bewegung □□□□□□□□ □□□ □□□□□□□ an, die sich um das Jahr 20 entwickelt hatte. Johannes predigte und taufte im Jordangraben. Er wählte den Ort der Wüste aus symbolischen Gründen, denn die Wüstenzeit des alten Israel galt als die Urzeit der Geschichte Israels: Zeit des □□□□, des Bundesschlusses, der Gesetzgebung.

Jesus ließ sich von Johannes taufen und hatte möglicherweise dabei sein entscheidendes □□□□□□□□□□□□□□□□□ (vgl. Markus 1,9-11). Dabei war er ungefähr 30 Jahre alt. Nach seiner Taufe begann das öffentliche Wirken Jesu. Auch er begann zu predigen, blieb aber nicht in der Wüste wie Johannes, sondern wanderte durch Palästina, v. a. durch Galiläa. Ein Zentrum seines Wirkens war offenbar □□□□□□□□□ am □□□ □□□□□□□□□□.

Im Mittelpunkt der Botschaft Jesu stand die Ankündigung des angebrochenen □□□□□□-□□□□□□□ und die Aufforderung zur □□□□□□□□□□□□□ ohne Einschränkungen. Entsprechend seiner positiven Botschaft war er dem Leben stärker zugewandt als diejenigen endzeitlichen Propheten seiner Zeit, die vor allem vor dem □□□□□-□□□□□□□ □□□□□□ warnten.

Jesus scheute sich nicht, mit gesellschaftlich □□□□□□□□□□□ Kontakt aufzunehmen. Prostituierten wandte er sich ebenso sensibel und menschenfreundlich zu wie den wegen ihrer Zusammenarbeit mit den Römern verhassten □□□□□□□□. Auch scheute er sich nicht, □□□□□□□□□□□ zu helfen.

Bei den vielen □□□□□□□□□□□□□□□□, die Jesus zugeschrieben werden, verletzte er sogar das jüdische □□□□□□□□□□□. Sein Übertreten des jüdischen Gesetzes hat ihn möglicherweise das Leben gekostet, da er in den Augen frommer Juden eine Gefahr für die □□□□□□□□□□□□□□□□ darstellte, indem er die vielen Einzelvorschriften des jüdischen Gesetzes durch sein allgemeines □□□□□□□□□□□ ersetzte. Sein öffentliches Auftreten hat wahrscheinlich nur □□□ □□□□ gedauert. Die im Johannesevangelium angegebenen drei Jahre gelten als unwahrscheinlich.

Die Kreuzigung Jesu gilt als historisch relativ gut gesichert. In einzelnen Veröffentlichungen findet man sogar einen konkreten Termin: □ □□□□□ □□. Es geschah auf □□□□□□□□ □□□□□-□□□□ hin und wurde durch Römer vollzogen. Gründe dafür lassen sich in außerbiblischen Quellen nicht belegen.

© akg-images

Jesus beim Einzug in Jerusalem

Verschiedene Quellen erklären, es muss ein □□□□□□□□□□□ □□□-□□□□ gegen Jesus erhoben worden sein, der zu seiner Verurteilung geführt hatte, denn um religiöse Fragen kümmerten sich die Römer nicht. Die Auferstehung Jesu entzieht sich der historischen Nachprüfung. Dennoch ist sie das zentrale □□□□□□□□, von dem die □□□□□□□□□□ □□□ □□□□□-□□□ und der christlichen Kirchen ihren Ausgang nahm.

Lückenwörter:

Markusevangelium – Bethlehem – Ereignis – Lebenszeit – Nazareth – Geschichte der Christen – Jude – Sueton – politischer Vorwurf – Jahwe hilft – Zimmermann – Plinius – aramäisch – hebräische – Leben-Jesu-Geschichten – 7. April 30 – Flavius Josephus – See Genezareth – Kapernaum – Mose – Berufungserlebnis – Johannes des Täufers – Orientalen – Griechischen – Rechtgläubigkeit – Sabbatgebot – Krankenheilungen – Aussätzigen – Zöllnern – Verachteten – Tacitus – ein Jahr – Strafgericht Gottes – Nächstenliebe – Liebesgebot – Johannesevangelium – Gottesreiches – Pontius Pilatus – römische Anweisung

Das Leben Jesu

Wenn du die Begriffe in die Kästchen einsetzt, erhältst du in den grauen Kästchen die vier religiösen Volksgruppen in Israel. Beantworte dafür die Fragen von Seite 54.

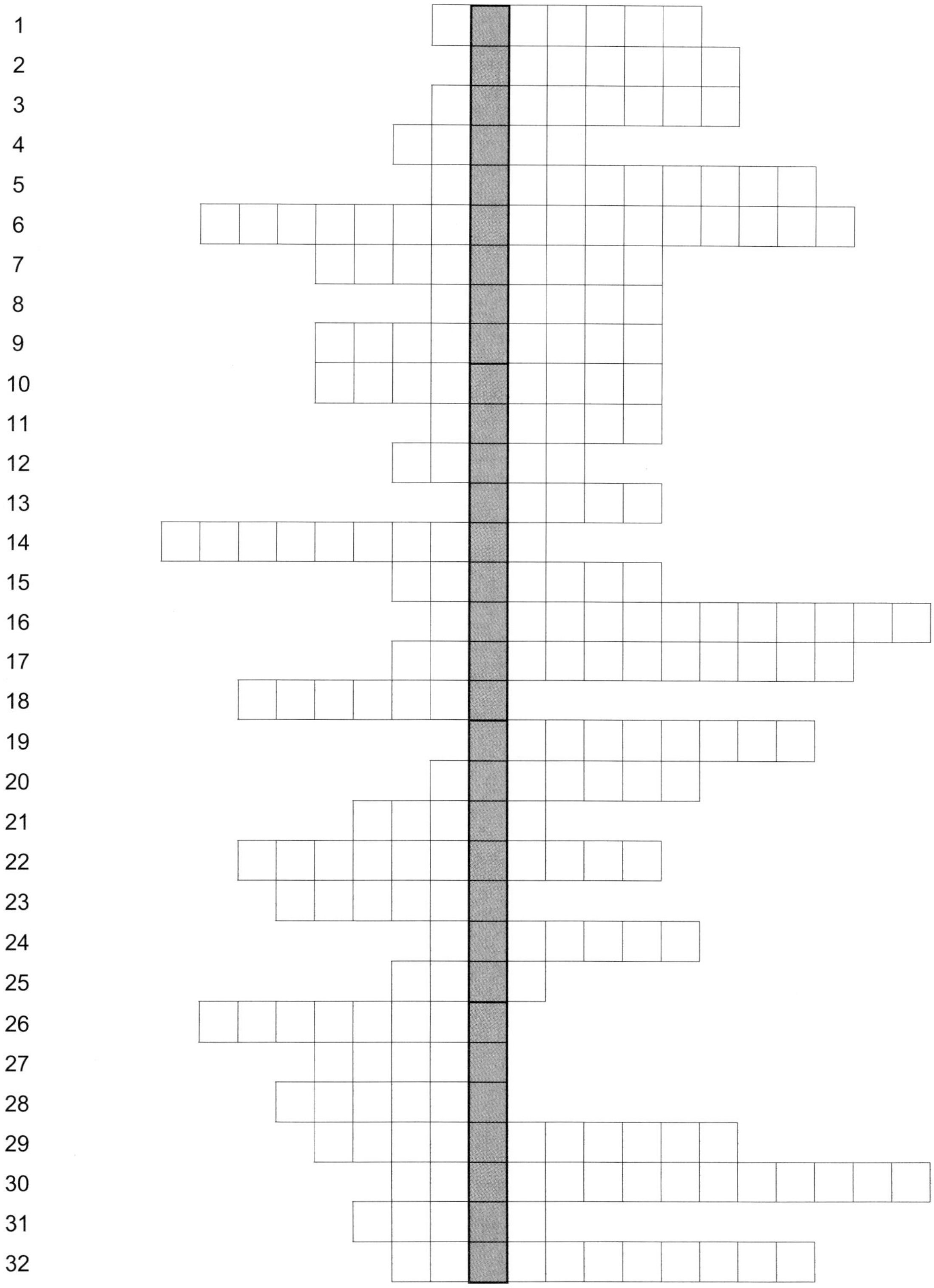

Fragen

1. Von Jesus zur Verkündigung des Evangeliums „Ausgesandte“
2. König zur Zeit der Geburt Jesu
3. Ort, in dem Jesus aufwuchs
4. Mutter Jesu
5. Handwerklicher Beruf Jesu
6. ______ __ _______ taufte Jesus im Jordan.
7. Jesu Muttersprache
8. Bekanntester Jünger Jesu
9. Zentrum des Wirkens Jesu
10. Stadt, in der Jesus den Tempel besuchte
11. Apostel des Neuen Testaments
12. Regierungsbezirk von Herodes
13. Josef stammt aus dem Hause _______.
14. Frohe Botschaft, die Jesus verkündete
15. Mann, den Jesus auferweckte
16. Gebot, das Jesus den Menschen gab
17. Jesus sprach oft in _______.
18. Häufiger Beruf der Jünger
19. Vater von Johannes dem Täufer
20. Jesu Wunder gelten als ______ Gottes.
21. Anzahl der Jünger Jesu
22. Jesus predigte vom ______ _______.
23. Tag, an dem Juden nicht arbeiten dürfen
24. Anderer Name für Jesus
25. Jesus verwandelte Wasser in Wein in _______.
26. Gotteshaus der Juden
27. Jünger, der Jesus verriet
28. Jünger, der an Jesu Auferstehung zweifelte
29. Nach seiner Verurteilung setzte man Jesus eine _______ auf.
30. Römischer Statthalter, der Jesus verurteilte
31. Die Menschen nannten Jesus den König der _______.
32. Religionsgemeinschaft, die sich auf Jesus gründet

Jesus von Nazareth

Bei diesem Gitterrätsel werden 39 Antworten auf Fragen aus dem Leben Jesu gesucht. Beantworte die Fragen von Seite 56 mithilfe der Bibel und trage die Lösungswörter in die Kästchen ein.

Fragen

1. Welche Stadt wurde auch die Stadt Davids genannt? (Lk 2,4)
2. An welchem Teich heilte Jesus einen Gelähmten? (Joh 5,2)
3. Name des Hohenpriesters, der Jesus an Pilatus übergab (Joh 18,24)
4. Von wem sagte Jesus: „Solchen Glauben hab ich in Israel nicht gefunden.“? (Lk 7,9)
5. Wie hieß der Garten, in dem Jesus verhaftet wurde? (Mt 26,36)
6. In welches Land flüchteten Maria, Josef und das Jesuskind? (Mt 2,13-14)
7. Nach wie vielen Tagen fanden Maria und Josef Jesus im Tempel? (Lk 2,46)
8. Wer rief die Menschen am Jordan zu Umkehr und neuer Lebensweise auf? (Lk 3,3)
9. In Israel wurde man auch wegen unheilbarer ________ gesellschaftlich verachtet.
10. Welcher Jünger wird von Jesus auch ‚der Fels' genannt? (Mt 16,18)
11. Wöchentlicher Ruhetag der Juden
12. fromme Juden, die die Befolgung des alttestamentlichen Gesetzes betonen
13. Jesus verkündete den Menschen frohe ________.
14. Gebet, das Jesus seine Jünger lehrte (Mt 6,9)
15. Jesus sprach oft in Form von ________.
16. Jesus verkündigte das ________ ________.
17. Name des Zöllners, bei dem Jesus einkehrte (Lk 19,2)
18. Krankheit, die Jesus heilte (Mk 1,40)
19. Wen heilte Jesus im Hause des Petrus (Mt 8,14)
20. Ort, an dem Jesus gekreuzigt wurde (Mk 15,22)
21. Die Taten Jesu werden auch als ________ bezeichnet.
22. Anzahl der Menschen, die von Jesus bei Betsaida gespeist wurden (Lk 9,14)
23. Nachfolger Jesu, denen der Auferstandene begegnete (Lk 24,13)
24. Kirchengebäude der Juden
25. Name einer Jüngerin (Lk 8,3)
26. Jesus nannte sich selbst ________.
27. Die ________ berichten über das Leben Jesu in der Bibel.
28. Im Gleichnis vom _____ _____ berichtet Jesus von der Barmherzigkeit Gottes. (Lk 15,11)
29. Vor seiner Gefangennahme feierte Jesus mit seinen Jüngern das ________.
30. Menschen, die im Auftrag Gottes standen, das Volk zur Umkehr aufzurufen
31. Land, in dem Jesus lebte
32. Wo fanden Maria und Josef Jesus, nachdem sie ihn überall gesucht hatten? (Lk 2,46)
33. ein Evangelist
34. Bedeutung des Namens Christus
35. Anzahl der Wasserkrüge, die Jesus in Wein verwandelte (Joh 2,6)
36. Womit verriet Judas Jesus im Garten Gethsemane? (Mk 14,44)
37. Wohnort von Maria und Martha (Joh 11,1)
38. Religion, mit der Jesus aufwuchs
39. Wie wurde Jesus von seinen Jüngern angesprochen? (Joh 1,38)

Die Jünger Jesu

Wie heißen die Jünger Jesu? Schlage in der Bibel nach: Matthäus 10,1-4. Überlege dann, welches Strichmännchen zu welchem Namen gehörte und ergänze die unten stehende Liste entsprechend.

1. ______________________ 2. ______________________ 3. ______________________

4. ______________________ 5. ______________________ 6. ______________________

7. ______________________ 8. ______________________ 9. ______________________

10. ______________________ 11. ______________________ 12. ______________________

Die Gleichnisse Jesu

Um welches Gleichnis handelt es sich jeweils? Lies im angegebenen Kapitel nach, ergänze die Lücken und suche die Gleichnisse im Buchstabenrätsel waagrecht, senkrecht und diagonal jeweils vorwärts oder rückwärts.

1. Das Gleichnis vom □□□□□□ □□□□□□□□□ (Lk 14,15-24)
2. Das Gleichnis vom □□□□□□□□□ □□□□□□ (Lk 11,5-13)
3. Das Gleichnis vom □□□□□□□ □□□ □□□□ (Mk 4,26-29)
4. Das Gleichnis von der □□□□□□□□□ (Mt 18,21-35)
5. Das Gleichnis vom □□□□□□□□□ (Lk 13,20-21)
6. Das Gleichnis vom □□□□□□□ □□□□□ □□□ □□□□□□ (Mt 13,24-30)
7. Das Gleichnis vom □□□□□□□□□□□□ □□□□□□□□□ (Lk 10,25-37)
8. Das Gleichnis von den □□□□□□□□□□□□ □□□□□□□ (Lk 19,11-27)
9. Das Gleichnis von der □□□□□□□□□□□ □□□□□□□□ (Mt 22,1-14)
10. Das Gleichnis vom □□□□□□□□□ (Mt 13,47-52)
11. Das Gleichnis von den □□□□□□□□□□ □□□□□□ (Mt 21,28-32)
12. Das Gleichnis vom □□□□□□□□□□ □□□□□ (Mt 18,12-14)
13. Das Gleichnis von den □□□□□□□□□ □□ □□□□□□□□ (Mt 20,1-16)
14. Das Gleichnis vom □□□□□□ (Mt 13,1-9)
15. Das Gleichnis von den □□□□□ □□□□□□□□□□□□ (Mk 12,1-12)
16. Das Gleichnis vom □□□□□□ □□□ □□□ □□□□□ □□□□□□ (Mt 24,45-51)
17. Das Gleichnis von den □□□□□□ □□□ □□□□□□□□□ □□□□□□□□□□ (Mt 25,1-13)
18. Das Gleichnis vom □□□□□□□□□□ □□□□ (Lk 15,11-32)
19. Das Gleichnis vom □□□□□□□ □□□□□□□□□□ (Lk 12,16-21)
20. Das Gleichnis vom □□□□□□□□ (Mt 13,31-32)

Wortsuchrätsel über die Gleichnisse Jesu

Suche die Gleichnisse im Rätsel und schreibe sie auf.

J	L	N	V	T	D	G	N	U	B	E	G	R	E	V	P	E	D	H	Ö	Ü	U	N	Z	V	E
N	F	Z	D	I	F	P	V	E	R	L	O	R	E	N	E	N	S	O	H	N	M	V	H	S	R
E	R	S	Y	O	L	J	K	E	I	Z	J	G	H	N	C	G	L	J	K	E	Z	G	Ä	K	T
U	U	I	F	X	N	N	E	D	N	U	F	P	N	E	T	U	A	R	T	R	E	V	N	A	I
A	K	Ö	N	I	G	L	I	C	H	E	N	H	O	C	H	Z	E	I	T	M	R	H	P	P	U
R	T	N	C	D	U	K	H	N	V	X	C	S	H	Z	E	F	S	K	L	Ä	P	I	H	N	Z
F	R	B	Ö	S	E	N	W	E	I	N	G	Ä	R	T	N	E	R	N	M	T	N	C	I	K	N
G	E	V	B	A	R	M	H	E	R	Z	I	G	E	N	S	A	M	A	R	I	T	E	R	E	T
N	U	V	J	U	G	O	L	U	I	K	H	R	Z	G	D	I	P	Ü	L	Ö	J	K	Z	B	V
U	E	A	R	B	E	I	T	E	R	N	I	M	W	E	I	N	B	E	R	G	N	I	N	B	C
J	N	X	D	T	S	D	K	U	G	J	Ä	P	J	K	Ö	N	M	G	U	E	E	B	G	D	H
N	U	I	H	A	K	E	N	V	C	D	W	A	D	X	Y	R	N	I	U	W	Ü	I	K	U	R
E	N	T	B	A	S	Y	N	K	U	Z	R	G	D	F	X	E	C	M	M	T	F	T	B	A	T
T	D	M	T	S	K	T	L	F	D	Y	F	B	H	K	N	U	R	E	Z	R	F	T	D	Z	W
H	B	U	T	R	V	Ä	N	R	K	N	Y	Q	A	H	I	M	D	E	N	E	B	E	V	R	E
C	Ö	X	W	E	E	V	R	T	A	O	T	H	Ö	G	G	R	K	R	G	I	V	N	G	E	E
I	S	F	E	D	U	H	F	G	K	E	R	S	U	M	E	P	Ö	E	L	C	Ä	D	Z	K	R
R	E	K	H	N	F	H	D	H	W	T	N	N	A	T	T	F	S	F	J	H	Z	E	V	Z	E
Ö	N	N	F	E	G	Z	J	G	R	E	R	J	N	F	I	J	G	G	R	E	T	N	X	A	R
T	K	D	G	S	Z	H	L	J	H	J	A	U	T	S	D	A	S	F	B	N	H	F	K	N	T
D	N	I	T	H	D	R	G	C	K	H	T	L	C	I	K	H	J	G	S	K	T	R	Z	E	I
N	E	G	D	C	F	C	I	M	E	U	S	H	H	J	N	V	B	G	T	O	S	E	D	N	I
U	C	Ä	L	A	L	E	O	A	A	Ö	N	A	O	C	N	V	B	W	H	R	Z	U	Ü	N	A
N	H	G	R	W	L	U	J	R	U	E	W	N	U	D	C	F	G	R	J	N	B	N	F	A	D
E	T	G	J	G	Ü	O	K	R	T	L	F	G	X	E	N	C	K	I	I	B	U	D	Z	M	E
G	N	F	N	G	Z	N	L	Z	I	T	U	Z	H	F	R	C	S	I	K	A	Z	R	T	Ä	J
U	R	U	C	B	U	X	C	W	T	I	L	P	Ä	J	F	T	B	C	S	U	E	Z	H	S	J
L	C	F	A	H	C	S	N	E	N	E	R	O	L	R	E	V	E	E	F	E	H	G	F	I	H
K	H	H	J	G	D	Ü	K	O	Z	U	Y	Q	A	F	R	S	D	I	K	R	B	N	C	V	G
D	T	P	G	R	O	ß	E	N	A	B	E	N	D	M	A	H	L	F	G	N	Y	C	N	G	H

Die Wunder Jesu

Die Evangelien berichten von zahlreichen Wundern Jesu, die in vier verschiedene Arten eingeteilt werden. Entschlüssele mithilfe des unten stehenden Codes zehn Wunder Jesu und ordne sie den vier Arten zu.

1. ΔΕΡ ΡΕΙΧΗΕ ΦΙΣΧΗΦΑΝΓ (LK 5,1-11)
2. ΔΕΡ ΣΕΕΩΑΝΔΕΛ ϑΕΣΥ (MT 14,22-33)
3. ΔΙΕ ΤΟΧΗΤΕΡ ΔΕΣ ϑΑΙΡΥΣ (MT 9,18-26)
4. ΒΑΝΝΥΝΓ ΔΕΣ ΔΑΕΜΟΝΕΝ ΙΝ ΔΕΡ ΣΨΝΑΓΟΓΕ ϑΟΝ ΚΑΠΕΡΝΑΥΜ (MK 1,21-28)
5. ΔΙΕ ΣΤΙΛΛΥΝΓ ΔΕΣ ΣΤΥΡΜΕΣ (MK 4,35-41)
6. ΗΕΙΛΥΝΓ ΔΕΡ ΣΧΗΩΙΕΓΕΡΜΥΤΤΕΡ ΔΕΣ ΣΙΜΟΝ (MK 1,29-31)
7. ΗΕΙΛΥΝΓ ΕΙΝΕΣ ΒΛΙΝΔΓΕΒΟΡΕΝΕΝ (JOH 9,1-7)
8. ΔΕΡ ϑΥΝΓΕ ΜΑΝΝ ΑΥΣ ΝΑΙΝ (LK 7,11-17)
9. ΔΙΕ ΣΠΕΙΣΥΝΓ ΔΕΡ ΦΥΕΝΦΤΑΥΣΕΝΔ (MT 14,13-21)
10. ΗΕΙΛΥΝΓ ΔΕΣ ΒΕΣΕΣΣΕΝΕΝ ΓΕΡΑΣΕΝΕΡΣ (MK 5,1-20)

Arten von Wundern

Heilungswunder	Dämonenbannungen	Naturwunder	Totenerweckungen

Codierschlüssel:

A	B	C	D	E	F	G	H	I	J	K	L	M	N	O	P	Q	R	S	T	U	V	W	X	Y	Z
Α	Β	Χ	Δ	Ε	Φ	Γ	Η	Ι	ϑ	Κ	Λ	Μ	Ν	Ο	Π	Θ	Ρ	Σ	Τ	Υ	η	Ω	Ξ	Ψ	Ζ

Was für Jesus besonders wichtig war

Finde von den unten dargestellten Standpunkten drei heraus, die **nicht** zum Leben Jesu passen. Kennzeichne die authentischen Aussagen Jesu in verschiedenen Farben.

- die eigene Meinung sagen
- keine Gewalt anwenden
- den eigenen guten Weg gehen, auch wenn die Familie einen zurückhalten will
- das Gebet suchen
- Kranke heilen
- gegen Unrecht kämpfen
- Feste feiern
- grundsätzlich keine Nachteile in Kauf nehmen
- Kinder immer wieder in die Mitte stellen
- die Menschen drängen, alle Gesetze einzuhalten
- mit Armen und Ausgestoßenen regelmäßig Kontakt pflegen
- mit Gesetzeslehrern und Priestern auf guten Kontakt besonderen Wert legen
- für alle Menschen ein offenes Ohr haben

Welche Aussage ist dir selbst besonders wichtig? Begründe deine Ansicht:

....

....

....

....

Jesu Gebot

Welches „neue Gebot“ gab Jesus seinen Jüngern? Die Antwort findest du in dem verschlüsselten Satz. Übersetze die Geheimschrift mithilfe des angegebenen Codierschlüssels.

ΕΙΝ ΝΕΥΕΣ ΓΕΒΟΤ ΓΕΒΕ ΙΧΗ ΕΥΧΗ, ΔΑΣΣ ΙΗΡ ΕΥΧΗ ΥΝΤΕΡΕΙΝΑΝΔΕΡ ΛΙΕΒΕΤ, ΩΙΕ ΙΧΗ ΕΥΧΗ ΓΕΛΙΕΒΤ ΗΑΒΕ. ΔΑΡΑΝ ΩΙΡΔ ϑΕΔΕΡΜΑΝΝ ΕΡΚΕΝΝΕΝ, ΔΑΣΣ ΙΗΡ ΜΕΙΝΕ ϑΥΕΝΓΕΡ ΣΕΙΔ, ΩΕΝΝ ΙΗΡ ΛΙΕΒΕ ΥΝΤΕΡΕΙΝΑΝΔΕΡ ΗΑΒΤ.

ϑΟΗΑΝΝΕΣ 13,34-35

_ _ _   _ _ _ _ _ _   _ _ _ _ _ _   _ _ _ _ _   _ _ _   _ _ _ _ _,

_ _ _ _   _ _ _   _ _ _ _   _ _ _ _ _ _ _ _ _ _ _ _ _

_ _ _ _ _ _,   _ _ _   _ _ _   _ _ _ _ _   _ _ _ _ _ _ _ _ _   _ _ _ _.

_ _ _ _ _   _ _ _ _ _   _ _ _ _ _ _ _ _ _ _ _   _ _ _ _ _ _ _ _ _ _,

_ _ _ _   _ _ _   _ _ _ _ _ _   _ _ _ _ _ _ _ _   _ _ _ _,   _ _ _ _

_ _ _   _ _ _ _ _   _ _ _ _ _ _ _ _ _ _ _ _ _   _ _ _ _.

_ _ _ _ _ _ _ _ _ 13,34-35

Codierschlüssel:

A	B	C	D	E	F	G	H	I	J	K	L	M	N	O	P	Q	R	S	T	U	V	W	X	Y	Z
Α	Β	χ	Δ	Ε	ϕ	Γ	Η	Ι	ϑ	κ	Λ	Μ	Ν	ο	Π	Θ	Ρ	Σ	Τ	Υ	ς	Ω	Ξ	Ψ	Ζ

Zentrale Aussagen Jesu

Ergänze die fehlenden Satzteile mit den angegebenen Wortfolgen.

Ich bin gekommen ...	Ich bin der ...	Ich bin ...
Ich bin die ...	Ich bin der ...	Ich bin die ...
Ich bin das ...	Ich bin das ...	Ich bin bei ...
Ich bin der ...	Ihr seid in mir ...	

Licht der Welt / wahre Weinstock / Weg, die Wahrheit und das Leben / Brot des Lebens / Tür, wer durch mich geht, wird gerettet / gute Hirte / für die Sünder, nicht für die Gerechten / euch alle Tage bis ans Ende / im Vater, und der Vater ist in mir / Auferstehung und das Leben / und ich bin in euch

Was kannst du aus diesen Worten erkennen?

___

___

___

___

___

„Steckbrief": Jesus von Nazareth heute

1. Wo würde Jesus heute leben?

Industriestaat	( )	oder	Agrarstaat	( )
Entwicklungsland	( )	oder	Modernes Europa	( )
Dorf	( )	oder	Großstadt	( )

2. Welchen Beruf könnte er heute haben?

(Höchstens zwei der angegebenen Berufe ankreuzen!)

Geschäftsmann	( )	Landwirt	( )
Sozialer Beruf	( )	Polizeibeamter	( )
Lehrer/Professor	( )	Pfarrer/Bischof	( )
Arbeiter	( )	Politiker	( )
Arzt	( )	Entwicklungshelfer	( )

3. Könntest du dir Jesus vorstellen:

als Soldat?	( ) nein	( ) ja	( ) weiß nicht
als Ehemann?	( ) nein	( ) ja	( ) weiß nicht

4. Welcher Partei/Gruppierung würde Jesus seine Stimme geben?

CDU/CSU	( )	SPD	( )
FDP	( )	Bündnis 90/Die Grünen	( )
DKP	( )	Bürgerinitiativen	( )

5. Wodurch würde sich Jesus deiner Meinung nach von einem heutigen Pfarrer unterscheiden?

....

....

....

....

....

Jesu Gefangennahme

Im Buchstabenrätsel sind waagerecht und senkrecht 17 zentrale Begriffe aus Joh 18,1-11 versteckt. Finde und markiere sie.

L	N	B	R	S	L	U	A	W	L	J	V	K	F	D	J	S	I	M	O	N	A
J	H	R	O	J	Ü	N	G	E	R	Y	J	I	D	O	L	G	V	Q	J	I	P
G	F	Y	M	V	O	E	U	S	L	F	K	D	J	D	L	V	N	G	E	R	U
P	K	Q	Y	S	V	T	B	U	M	O	L	R	O	U	G	J	V	N	S	T	S
F	X	V	F	Z	S	G	Q	A	Y	M	L	O	Z	R	W	X	V	N	U	K	H
F	S	E	A	P	E	T	R	U	S	I	K	N	L	P	I	Z	R	W	S	Y	C
B	M	K	C	J	G	A	R	T	E	N	K	G	A	A	H	A	E	M	S	N	E
T	F	C	K	M	R	E	S	Y	A	W	Q	Y	C	B	M	L	K	H	G	D	H
Q	W	R	E	R	I	P	P	M	I	P	H	A	R	I	S	Ä	E	R	E	Y	O
W	E	S	L	Y	T	F	C	X	V	B	H	U	Z	T	D	G	J	L	K	O	H
J	N	B	N	S	Z	G	V	F	H	Z	R	E	K	O	P	I	Z	R	W	E	E
D	G	J	K	Ö	M	B	C	X	D	C	G	B	L	A	M	P	E	N	D	Ö	N
A	W	X	V	C	M	O	W	I	B	U	V	Z	T	C	X	R	G	F	S	A	P
U	I	H	F	D	Q	I	A	O	M	K	H	G	B	H	N	J	M	K	B	C	R
K	E	L	C	H	H	B	F	C	F	G	H	J	K	L	Ö	Ä	H	C	F	H	I
Z	H	G	S	X	W	U	F	K	J	B	G	V	B	H	I	D	K	U	T	G	E
X	D	A	S	Z	G	D	E	Z	N	L	S	C	H	W	E	R	T	I	H	J	S
T	U	Z	F	H	V	X	N	E	A	S	S	E	P	L	M	K	N	I	G	U	T
T	A	R	Y	F	X	G	V	J	B	K	O	N	L	M	B	C	Y	A	D	G	E
L	A	P	I	Z	R	W	B	S	E	F	L	G	V	Y	C	V	H	K	J	G	R
D	E	A	P	I	Z	T	E	E	Q	L	D	J	Z	G	V	D	J	U	D	A	S
O	E	J	G	F	S	A	W	Q	T	U	A	K	M	B	U	V	Z	D	G	R	Z
E	N	W	O	I	L	Q	A	V	G	J	T	I	Z	T	A	S	P	L	K	K	O
J	E	M	A	L	C	H	U	S	C	N	E	J	G	I	U	M	N	Z	T	G	H
X	R	V	T	O	L	M	U	H	R	U	N	Ö	P	H	A	Q	V	N	H	F	R

Petrus verleugnet Jesus

Vor seiner Verhaftung im Garten Gethsemane prophezeit Jesus Petrus, dass er ihn dreimal verleugnen werde. Suche den entsprechenden Satz in Matthäus, Kap. 26 und markiere ihn in der Hahnfigur (zusammenhängender Buchstabenwurm).

Der Missionsauftrag

Nach seiner Auferstehung erschien Jesus zunächst zwei Frauen aus dem Kreis seiner Jünger. Zu ihnen sagte er, seine Jünger sollten nach Galiläa auf einen Berg kommen. Dort gab Jesus seinen Jüngern den überlieferten Auftrag zur Mission der Völker. Bearbeite den folgenden Text mithilfe des unten stehenden Codierschlüssels.

δαρυμ γεηετ ηιν υνδ μαχηετ ζυ φυενγερν αλλε ϖοελκερ : ταυφετ σιε αυφ δεν ναμεν δεσ ϖατερσ υνδ δεσ σοηνεσ υνδ δεσ ηειλιγεν γειστεσ υνδ λεηρετ σιε ηαλτεν αλλεσ , ωασ ιχη ευχη βεφοηλεν ηαβε . υνδ σιεηε , ιχη βιν βει ευχη αλλε ταγε βισ αν δερ ωε λτ ενδε .

ματτηαευσ 28,19-20

_ _ _ _ _   _ _ _ _ _ _ _   _ _ _   _ _ _ _   _ _ _ _ _ _ _ _   _ _

_ _ _ _ _ _ _ _ _ _ _   _ _ _ _ _   _ _ _ _ _ _ _ _ _ :   _ _ _ _ _ _ _ _   _ _ _

_ _ _   _ _ _   _ _ _ _ _ _ _   _ _ _   _ _ _ _ _ _ _ _   _ _ _   _ _ _

_ _ _ _ _ _ _   _ _ _   _ _ _   _ _ _ _ _ _ _ _ _ _ _   _ _ _ _ _ _ _ _ _

_ _ _   _ _ _ _ _ _ _ _   _ _ _   _ _ _ _ _ _ _ _   _ _ _ _ _ _ _ ,   _ _ _

_ _ _   _ _ _ _ _   _ _ _ _ _ _ _ _ _ _ _   _ _ _ _ _ .   _ _ _   _ _ _ _ _ _ _ ,

_ _ _   _ _ _   _ _ _   _ _ _ _ _   _ _ _ _ _   _ _ _ _ _   _ _ _   _ _

_ _ _   _ _ _ _ _   _ _ _ _ _ .

_ _ _ _ _ _ _ _ _ _ _ _   28,19-20

Codierschlüssel:

A	B	C	D	E	F	G	H	I	J	K	L	M	N	O	P	Q	R	S	T	U	V	W	X	Y	Z
α	β	χ	δ	ε	φ	γ	η	ι	φ	κ	λ	μ	ν	ο	π	θ	ρ	σ	τ	υ	ϖ	ω	ξ	ψ	ζ

7. Der Apostel Paulus

Leben und Wirken

Der nachfolgende Text berichtet über das Leben und Wirken des Apostel Paulus. Bearbeite den Text, indem du die Lückenwörter von Seite 69 einsetzt.

Die Apostel Paulus und Petrus

Apostel ist griechisch und bedeutet □□□□□□□□□. Der Apostel Paulus war religionsgeschichtlich sehr bedeutsam und trug maßgeblich zur Verbreitung des Christentums bei.
Er entstammte einer streng jüdischen Familie und wurde in der Stadt □□□□□□, einer Hafenstadt am östlichen Mittelmeer, etwa zu Beginn unserer □□□□□□□□-□□□□ geboren. Paulus wurde hellenistisch erzogen, genoss aber zugleich eine für das Diasporajudentum typische jüdische Unterweisung. Seine Muttersprache war □□□□□□□□□□. In seiner persönlichen Haltung wie in seinem theologischen Denken war und blieb Paulus Jude.
Von seinem Vater wurde er zum □□□□□□□□□□ ausgebildet. In seinen Briefen hören wir oft, dass er sich mit seinem Handwerk den Lebensunterhalt auch auf seinen späteren □□□□□□□□□□□□□□ verdiente (Apg 18,3). Er besaß das □□□□□□□□ Bürgerrecht und besuchte als Kind eine □□□□□□ in Jerusalem. Die Schule wurde von □□□□□□□□□□ geleitet.
Sein Verfolgungseifer richtete sich gegen die □□□□□□□□ in Damaskus. In Damaskus kam es dann jedoch zur entscheidenden Wende in seinem Leben. Aus dem Verfolger der Anhänger Jesu wurde ein entschiedener □□□□□□□□□□ Jesu. In der biblischen Legende hat sich das Bild der „Wandlung von □□□□□□ zum Paulus" erhalten. Paulus war der griechisch-römische Beiname des jüdischen Namens Saulus.
Er missionierte Nordsyrien und Sizilien. In den nächsten Jahren wechselte er in das heidenchristliche Zentrum der Frühzeit nach Antiochia. Er gründete zahlreiche christliche □□□□□□□□□, die in der Anfangszeit häufig jedoch noch in sich zerstritten waren. Nachdem er wieder weitergezogen war, ging es bei ihnen oft drunter und drüber, weshalb er immer wieder □□□□□□ an seine Gemeinden schrieb.
Paulus hat insgesamt □□□□□ Briefe verfasst, die der ältesten Gattung des urchristlichen Schrifttums zuzurechnen sind. Als Paulusbriefe gelten: der 1. □□□□□□□□-□□□□□□□□□□□, die großen Hauptbriefe an die □□□□□□□□□, der Galaterbrief, der Philipperbrief, der □□□□□□□□□□□□□ und der Brief an die Römer. Die Briefe sollten im □□□□□□□□□□□□ verlesen werden, worauf auch die Gebets- und Segensworte verweisen.

Der letzte Brief, den Paulus geschrieben hat, ist der ☐☐☐☐☐☐☐☐☐☐. Er ist der größte seiner Hauptbriefe und wurde ca. 55/56 in ☐☐☐☐☐☐☐ geschrieben. Der Römerbrief enthält Ausführungen über zentrale Themen der paulinischen Botschaft.

Paulus unternahm vier lange, beschwerliche und gefährliche Reisen, auf denen er das ☐☐☐☐☐☐☐☐☐☐ verkündete. Er folgte großen Handelswegen und benutzte bei Reisen über Land das gut ausgebaute römische Straßennetz. Er blieb in einigen Hauptzentren Kleinasiens und Griechenlands wie ☐☐☐☐☐☐☐ und ☐☐☐☐☐☐☐☐ und baute nach und nach christliche Gemeinschaften auf, die er in der Folge durch Briefe betreute. Besondere Sorge bereitete Paulus die Gemeinde in ☐☐☐☐☐☐☐, die Paulus in den Jahren 50/51 und 55/56 besuchte und die für ihre moralische Laxheit bekannt war.

Paulus mit einem für die damalige Zeit typischen Transportschiff

© akg-images

Paulus bei seiner Mission in Rom

© akg-images

In fremden Städten wurde er von den jüdischen Gemeinden gelegentlich freundlich aufgenommen, öfters wiesen sie ihn jedoch ab. Trotzdem gelang es ihm, christliche Gemeinden in Kleinasien zu gründen, bevor er die ☐☐☐☐☐ überquerte und die Botschaft nach Europa brachte.

Auf seinen Reisen musste er häufig viel Leid erdulden. So war er häufig im ☐☐☐☐☐☐☐☐☐, wurde ausgepeitscht, erlitt ☐☐☐☐☐☐☐☐☐☐☐, trieb teils tagelang auf offener See und wurde ausgeraubt. Doch ihm gelang, was weder Petrus noch die Propheten vermochten: den Glauben an Gott in alle Winkel der damals bekannten Welt zu verbreiten. Letztlich ist es ihm zu verdanken, dass der ☐☐☐☐☐☐☐☐☐☐☐☐☐ das Abendland erobern konnte.

Bei seinem letzten Besuch in Jerusalem ca. 56/57 wurde er gefangen genommen und starb wahrscheinlich Anfang 64 wie auch Petrus in Rom unter Kaiser ☐☐☐☐ den Märtyrertod.

Lückenwörter

sechs – Philippi – Gesandter – Nero – Tarsus – Gefängnis – Ephesus – Ägäis – Zeitrechnung – Thessalonicherbrief – griechisch – Gottesdienst – Zeltmacher – Korinth – Missionsreisen – römische – Schiffbruch – Korinth – Korinther – Schule – Pharisäern – Christen – Evangelium – Nachfolger – Eingottglaube – Philemonbrief – Römerbrief – Saulus – Gemeinden – Briefe

Paulus und sein gesellschaftliches Umfeld

Bei diesem Kreuzworträtsel werden die Lösungswörter in die Kästchen eingetragen. Die grauen Kästchen ergeben als Lösungswort einen Brief des Apostel Paulus.

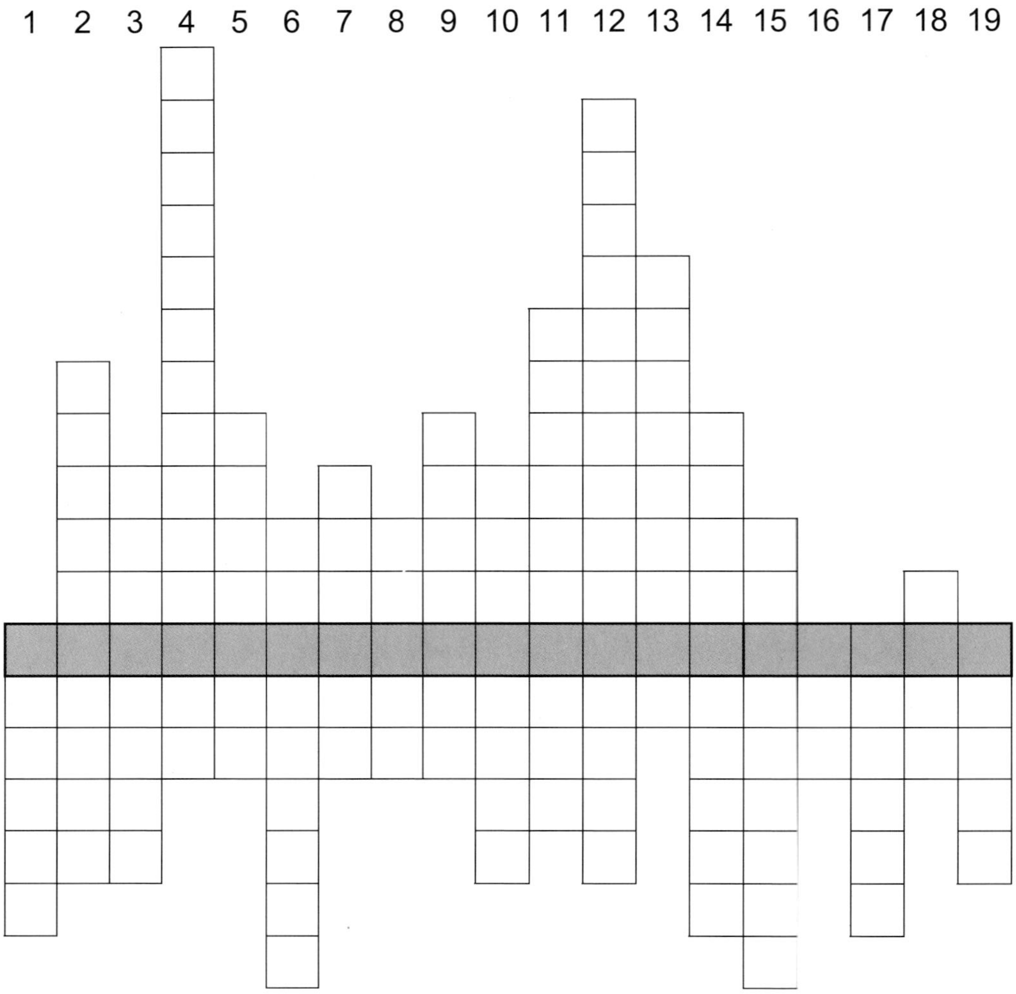

1. Stadt, in der Paulus geboren wurde
2. Muttersprache des Paulus
3. Religion Paulus` vor seiner Bekehrung
4. Reisen, die Paulus durchführte
5. Staatsbürgerrecht des Paulus
6. religiöse Gruppe, der Paulus angehörte
7. ursprünglicher jüdischer Name von Paulus
8. heiliges Gesetzbuch der Juden
9. Stadt, in der Paulus den Römerbrief schrieb
10. Gruppierung, die Paulus verfolgte
11. handwerklicher Beruf von Paulus
12. Hauptanliegen des Paulus
13. Bedeutung des Wortes Apostel
14. umfangreichster und letzter Brief des Apostel Paulus
15. Sprache der Juden
16. Stadt, in der Paulus wahrscheinlich den Märtyrertod starb
17. Heimat der Juden
18. römischer Kaiser zur Zeit des Paulus
19. geheimes Erkennungszeichen der frühen Christen

Die Briefe des Apostel Paulus

In dem Buchstabenrätsel sind die sechs Briefe des Paulus waagerecht, senkrecht und diagonal jeweils in beiden Richtungen versteckt. Suche und markiere sie.

T	D	G	T	F	P	H	I	L	E	M	O	N	B	R	I	E	F	F	Y	K	J	F
Q	Q	L	J	T	E	H	I	L	E	M	O	N	B	R	F	E	F	E	G	D	U	K
Ö	H	Ö	X	V	A	I	Z	U	D	H	B	F	E	G	E	S	D	I	M	B	L	J
Y	Z	R	L	G	D	Y	R	W	D	G	E	G	J	L	I	D	E	R	G	T	C	K
N	E	F	A	Y	S	J	V	B	X	I	J	Z	R	D	R	V	F	B	W	F	Q	J
E	W	J	K	H	T	A	T	U	R	L	T	J	K	F	B	E	O	R	Z	M	C	Y
F	M	D	U	V	T	J	L	B	H	E	F	B	S	F	R	N	B	E	K	M	V	A
R	B	T	L	E	F	X	R	S	G	F	M	N	H	G	E	G	W	H	O	M	N	D
H	T	Q	J	E	H	E	E	H	T	E	W	Ö	F	E	P	R	H	T	U	T	D	H
U	K	Z	Y	J	T	G	D	T	R	J	Z	N	R	G	P	Z	R	N	B	V	D	Z
H	E	F	T	A	U	Z	E	G	L	Ö	Ä	T	H	R	I	G	F	I	H	E	H	G
C	X	K	L	F	Ä	Y	U	T	W	Z	O	I	L	O	L	T	U	R	G	W	T	E
K	G	A	R	L	V	Z	G	E	Q	W	V	B	G	R	I	S	F	O	K	R	H	E
K	G	M	D	Q	E	T	M	B	C	J	E	P	L	H	H	R	H	K	V	X	R	U
I	H	L	T	T	E	H	D	H	G	H	D	V	S	G	P	H	Z	R	T	I	B	R
T	H	E	S	S	A	L	O	N	I	C	H	E	R	B	R	I	E	F	H	I	R	D

In dieser **Buchstabenkolonne** ist der Gruß der Briefe des Apostel Paulus versteckt. Das Codewort heißt **PAULUS**. Der Buchstabe, der direkt **nach** dem Buchstaben des Codewortes steht, gehört zur Lösung.

H**P**GNRHOA**A**NGEFEK**U**AXEHUE**L**DÖMNVS**U**EÖTLHGE**S**SÖFHZUVGZ**P**ETPHLKJH**A**IINIO
PÜ**U**MFÄÖ LK**L**IIVGZ**U**TODYSW**S**EQVMKO**P**UINUZT**A**CVOQWE**U**HTÜLZM**L**UDJGDAUJ**U**N
PJITJH**S**DVLAMPFKT**P**F RSHURT**A**RLTONKHFTU**U**IDKTIDEOKHRS**L**EÖJKGBDFE**U**DLDM
LOGXKRUJG**S**EEJGOTYBDGEUPK**P**VL EÜQUTHDBW**A**OWIGÜLHILFH**U**NIWOGWFKEOSF
D**L**GLWKSVDF**U**OTPEIIVLY**S**TORORNTWEF**P**TNIOS EVRIN**A**URODOIÜERJGBOI**U**NGARIP
HERER**L**SPAHW**U**EGBEI**S**RROSJTUFSRY**P**EOFMAIHEFIAA**A**MB WIINAUFWW**U**VKQJLUH
EF**L**ARJÖOIWU**U**TTOWPIOQWPN**S**EJGOEKTUZWERWDTZUIU**P**RXNRÜYPO SFIYS**A**UGI
EBFZUISEUFU**U**NAPJPWEPFUIGAUW**L**DOAJPIOZEFHS**U**DKDOÜPOIYEFSF**S**EROITVGUA
WEVFES**P**MOJPÜPOJRP**A**HRPWEROPIJE**U**ENVEDSED-U**L**RAOHUPUFHSYISE**U**RVANOIV
NPIPIEVR**S**NI RUÖMVIORAEIOR**P**JNSINPIFNIIOSEN**A**EÖNXFNBITIUHGUID**U**SOAÜPQOW
EMFSOPO**L**UOWIEÖOP WEOSK**U**SÜOJAQPDKFIEOVW**S**CRNLQEFKLA**P**HSDNQIDJFGJEB
AROIAWPFJEIQL**U**IÖOJVNHGV**L**SA NPOIEFA**U**TLJÜPOIRIOPG**S**UÖFHJKLJHEEU**P**SIAIUAI
AUHNISUDVNAPIEFÖKNVOÖWERÄAIOOLIYOQ

_ _ _ _ _ _   _ _ _ _   _ _ _ _   _ _ _ _ _   _ _ _ _   _ _ _ _ _ _ _ _   _ _ _ _   _ _ _ _ _ _,

_ _ _ _ _ _ _ _   _ _ _ _ _ _ _;   _ _ _ _   _ _ _ _   _ _ _ _ _ _ _   _ _ _ _ _ _ _

_ _ _ _ _ _ _ _ _ _.

Die Reisen des Apostel Paulus

Paulus unternahm vier beschwerliche und gefährliche Reisen (Apg 13f.). In dem Wortsuchrätsel sind 20 der von ihm besuchten Länder, Städte und Inseln senkrecht, waagerecht und diagonal versteckt. Suche und markiere sie.

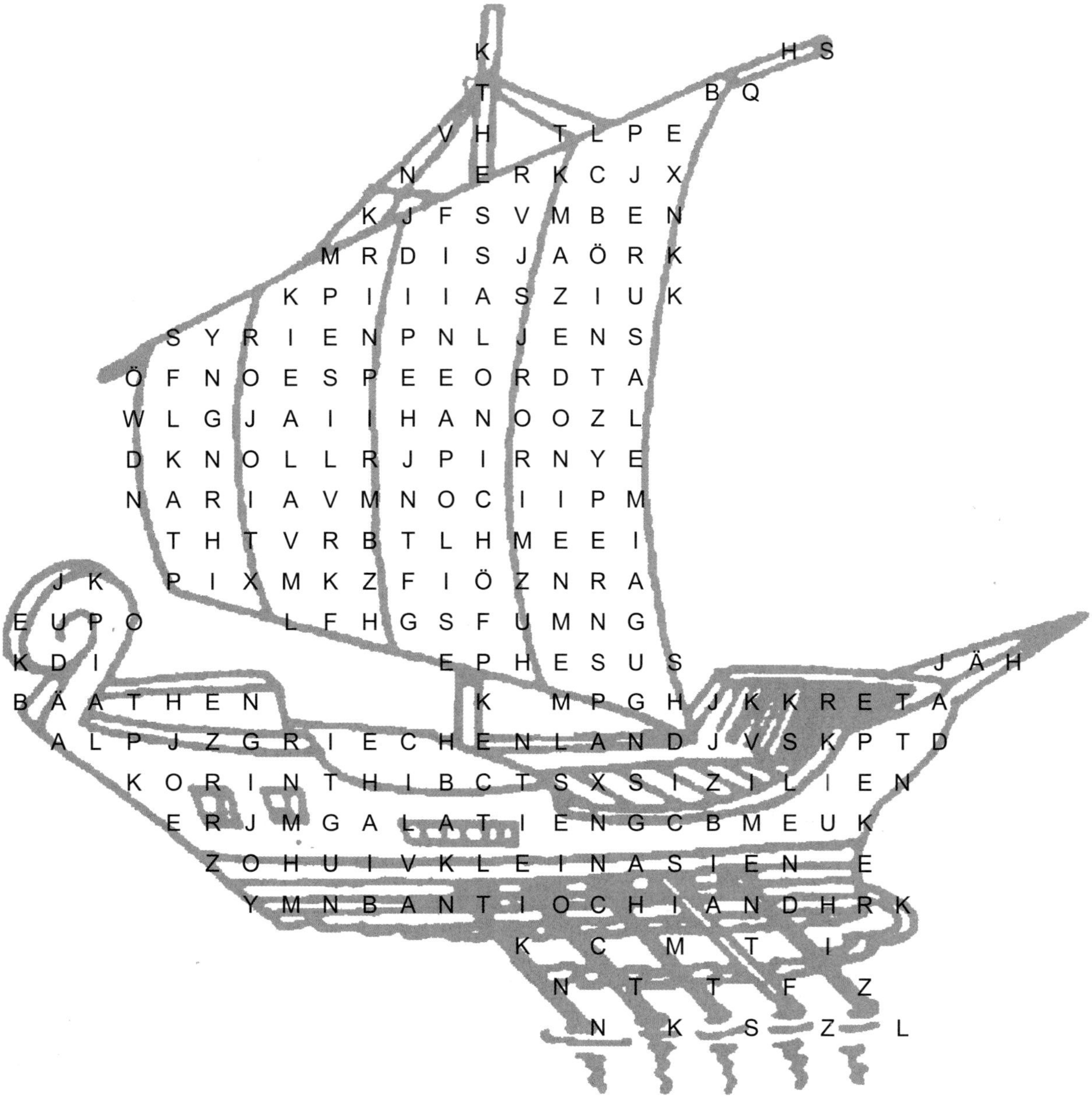

Lösungswörter:

Judäa – Athen – Griechenland – Sizilien – Kreta – Kleinasien – Syrien – Antiochia – Ephesus – Galatien – Jerusalem – Thessalonich – Zypern – Neapolis – Rom – Korinth – Philippi – Mazedonien – Italien – Troas

Aussagen des Apostel Paulus

Die folgenden Texte enthalten wesentliche Aussagen von Paulus aus seinen Briefen. Übersetze sie mithilfe des unten stehenden Codierschlüssels.

δενν ιχη σχηαεμε μιχη δεσ εϖανγελιυμσ νιχητ;
δενν εσ ιστ εινε κραφτ γοττεσ, διε σελιγ μαχητ αλλε, διε δαραν
γλαυβεν, διε φυδεν ζυερστ υνδ εβενσο διε γριεχηεν.
δενν δαριν ωιρδ οφφενβαρτ διε γερεχητιγκειτ, διε ϖορ γοττ γιλτ,
ωελχηε κομμτ αυσ γλαυβεν ιν γλαυβεν; ωιε γεσχηριεβεν στεητ:
„δερ γερεχητε ωιρδ αυσ γλαυβεν λεβεν."
ροεμερ 1,16–17

_ _ _ _   _ _ _   _ _ _ _ _ _ _   _ _ _ _   _ _ _   _ _ _ _ _ _ _ _-
_ _ _ _ _   _ _ _ _ _;   _ _ _ _   _ _   _ _ _ _   _ _ _ _ _   _ _ _ _ _
_ _ _ _ _,   _ _ _   _ _ _ _ _   _ _ _ _ _   _ _ _ _,
_ _ _   _ _ _ _ _ _   _ _ _ _ _ _ _,   _ _ _   _ _ _ _ _   _ _ _ _ _ _
_ _ _   _ _ _ _ _ _   _ _ _   _ _ _ _ _ _ _ _.   _ _ _ _   _ _ _ _ _
_ _ _ _   _ _ _ _ _ _ _ _ _   _ _ _   _ _ _ _ _ _ _ _ _ _ _ _ _,
_ _ _   _ _ _   _ _ _ _   _ _ _ _,   _ _ _ _ _ _   _ _ _ _ _   _ _ _
_ _ _ _ _ _ _   _ _   _ _ _ _ _ _ _;   _ _ _   _ _ _ _ _ _ _ _ _ _ _
_ _ _ _ _: „_ _ _   _ _ _ _ _ _ _ _   _ _ _ _   _ _ _   _ _ _ _ _ _ _
_ _ _ _ _."
_ _ _ _ _ _ 1,16–17

νυν αβερ βλειβεν γλαυβε, ηοφφνυνγ, λιεβε, διεσε δρει;
αβερ διε λιεβε ιστ διε γροεσστε υντερ ιηνεν.
1. κοριντηερ 13,13

_ _ _   _ _ _ _   _ _ _ _ _ _ _   _ _ _ _ _ _,   _ _ _ _ _ _ _ _,   _ _ _
_ _,   _ _ _ _ _   _ _ _ _;   _ _ _ _   _ _ _   _ _ _ _ _   _ _ _   _ _ _
_ _ _ _ _ _ _ _   _ _ _ _ _   _ _ _ _ _.
1. _ _ _ _ _ _ _ _ _ _ 13,13

Codierschlüssel:

A	B	C	D	E	F	G	H	I	J	K	L	M	N	O	P	Q	R	S	T	U	V	W	X	Y	Z
α	β	χ	δ	ε	ϕ	γ	η	ι	φ	κ	λ	μ	ν	ο	π	θ	ρ	σ	τ	υ	ϖ	ω	ξ	ψ	ζ

8. Der Reformator Martin Luther

Martin Luthers Kindheit und Schulzeit

Bearbeite den folgenden Text, indem du jeweils die unten stehenden Lückenwörter einsetzt.

Martin Luther (1483 – 1546)

© akg-images

Martin Luther wurde am 10. November 1483 als Sohn der Eheleute ☐☐☐☐ und ☐☐☐☐☐☐☐☐☐ Luther in ☐☐☐☐☐☐☐☐ geboren. Er hatte ☐☐☐☐ Geschwister. Sein Vater war von Beruf ☐☐☐☐☐☐☐☐☐☐☐☐☐ und zog kurz nach der Geburt Martins 1484 mit seiner Familie nach Mansfeld um. Martin Luther besuchte hier die ☐☐☐☐☐☐☐☐☐☐☐☐, deren rüde und überaus strenge Lehrmethoden überliefert sind. Es war bei Strafe verboten, ☐☐☐☐☐☐☐ zu sprechen. Wer dennoch vom Schulmeister und seinen Helfern dabei ertappt wurde, wurde mit dem „☐☐☐☐“ bestraft: Die Schüler mussten einen Eselskopf tragen oder ihnen wurden Eselsohren umgehängt. 1497 wechselte er die Schule. Er besuchte nun die Schule der „☐☐☐☐☐☐ ☐☐☐ ☐☐☐☐☐☐☐☐☐☐☐ ☐☐☐☐☐“ in Magdeburg. Für seinen Lebensunterhalt sorgte Martin Luther, wie seine Mitschüler auch, indem er ☐☐☐☐☐☐☐☐ und ☐☐☐☐. Das Ende seiner Schulzeit verbrachte er in ☐☐☐☐☐☐☐☐ an der städtischen ☐☐☐☐☐☐☐☐☐☐☐. 1507 begann Martin Luther auf Wunsch seines Vaters ein ☐☐☐☐☐☐☐☐☐☐☐ an der Universität in ☐☐☐☐☐☐. Doch kurze Zeit später kam es zur entscheidenden Wende im Leben des damals 21-jährigen Martin Luther. Nach einem Besuch bei seinen Eltern in Mansfeld geriet Martin Luther auf der Heimreise, in der Nähe von ☐☐☐☐☐☐☐☐☐☐☐☐, das etwa sechs Kilometer von Erfurt entfernt liegt, in ein heftiges ☐☐☐☐☐☐☐☐. In seiner Nähe schlug ein Blitz ein, der ihn zu Boden warf. In Todesangst gelobte er der ☐☐☐☐☐☐☐☐ ☐☐☐☐, der Schutzpatronin der ☐☐☐☐☐☐☐☐☐, dass er Mönch werden wolle, sollte er dieses Unwetter überleben. Noch im selben Jahr trat er in das ☐☐☐☐☐☐☐☐☐☐-☐☐☐☐☐☐☐☐-☐☐☐☐☐☐☐ in Erfurt ein. Die Angst vor einem plötzlichen Tod und vor Jesus Christus als strengem ☐☐☐☐☐☐☐☐☐☐☐☐☐ trieb ihn dazu. Martin Luthers Furcht vor einem plötzlichen Tod war auch deshalb so groß, da in Erfurt zur damaligen Zeit die ☐☐☐☐ wütete und ein guter Freund von ihm daran starb. Als Mönch, so hoffte Luther, würde er am ehesten Gottes Heil und Gnade finden.

Lückenwörter

Bergleute – Eisleben – Heiligen Anna – Jurastudium – Erfurt – Eisenach – Hans – Augustiner–Eremiten–Kloster – bettelte – Weltenrichter – Pest – Pfarrschule – Margarete – neun – Hüttenmeister – Stotternheim – Lateinschule – deutsch – Esel – Gewitter – Brüder vom gemeinsamen Leben – sang

Martin Luther als Mönch und Professor

Setze die unten stehenden Lückenwörter in den Text ein.

Der Mönch Martin Luther

Die Augustiner waren ein □□□□□□□□□□□. Das Leben im Kloster war streng geregelt und mit großen Entbehrungen verbunden. Der Tag der Mönche begann um 3.00 Uhr mit dem ersten □□□□□□□□□-□□□. Luther verpflichtete sich zu □□□□□□□□, □□□□□□□□□□□□□□□□ und □□□□□□-□□□□. Als Mönch betete, fastete und beichtete er den ganzen Tag. Im Jahr 1507 empfing Luther die □□□□□□□□-□□□□□. Im selben Jahr begann er ein □□□□-□□□□□□□□□□□□ in Erfurt. Im Winter 1511 reiste Martin Luther für seinen Orden nach □□□. Luther war von der Stadt zutiefst beeindruckt, entsetzt hingegen über die Missstände in der □□□□□-□□□□□□□ □□□□□□. Vor allem der Lebensstil der römischen Priester missfiel ihm, ebenso deren Geringschätzung des □□□□□-□□□□□. Kurz nach seiner Rückkehr wurde er nach □□□□□□□□□□ versetzt. Dort ernannte man ihn 1512 zum □□□□□□ □□□ □□□□□□□□□□. Im gleichen Jahr bekam Luther eine □□□□□□□□□□□□□□ an der Wittenberger Universität. Diese Zeit ist durch starke Kämpfe um □□□□□□□□ □□□□□□□□□□ geprägt. Die für ihn entscheidende religiöse Erleuchtung soll er beim intensiven Studium des □□□□□□□□□□□□ erlangt haben. Der Mensch erlange Gerechtigkeit allein durch die □□□□□ □□□□□□, nicht durch □□□□ □□□□□ (Röm 1,17).

Lückenwörter

geistige Erkenntnis – Römerbriefes – Bettelorden – katholischen – Abendmahls – Gnade Gottes – Doktor der Theologie – Rom – Stundengebet – Gehorsam – Wittenberg – Bibelprofessur – Theologiestudium – Besitzlosigkeit – Keuschheit – Kirche – Priesterweihe – gute Werke

Ablasshandel, Bannfluch und Bauernkrieg

Der Dominikanermönch Johann Tetzel

Seit 1514 war Luther auch □□□□□□□□ an der Wittenberger Stadtkirche. Hier ging es nun nicht mehr um akademische Thesen und Gegenthesen, sondern um das □□□□□□□□□□ der „Herde“. Im Frühjahr 1517 erlebte es Luther immer häufiger, dass die Wittenberger der Beichte fernblieben und stattdessen in die auf brandenburgischem Gebiet liegenden Städte strömten, um sich durch den Erwerb von □□□□□□□□□□□□□ freizukaufen. Unter Ablass verstand man das Erlassen □□□□□□□□□□ □□□□□□□□□□□□□ durch den Kauf eines kirchlichen Ablassbriefes. In großem Stil betrieb der Dominikanermönch □□□□□□ □□□□□□ den Verkauf von Ablassbriefen. Er reiste durch Städte und Dörfer und pries mit lauter Stimme seine Ablassbriefe an. Man konnte auch Ablassbriefe für Verstorbene kaufen, um diesen damit die Zeit des □□□□□□□□□□ zu verkürzen. Auch hieß es, Tetzel verkaufe Ablass für Sünden, die man erst in □□□□□□□ begehen werde.

Ablasshandel zu Zeiten Luthers

Im Oktober 1517 wandte sich Luther in Briefen an seine kirchlichen Vorgesetzten, den Bischof Hieronymus Schulze von Brandenburg und den Erzbischof Albrecht von Magdeburg. Diesem Brief an Albrecht nun hatte Luther □□ □□□□□□ beigelegt. Sie stellten kritische Fragen an die herrschende Praxis des □□□□□□□□□□□□□. Dies führte zu einem großen Zerwürfnis mit Rom. Er soll die Thesen auch an die □□□□□□□□□□□□□ von □□□□□□□□□□ geheftet haben. Die □□□□□ reagierte mit unnachgiebiger Härte. 1518 wurde in Rom gegen Luther der □□□□□□□□□□□□□ eröffnet. Dieser ruhte jedoch 1519, da das Land mit der Regelung der Nachfolge des verstorbenen □□□□□□□ □□□□□□□□□□ beschäftigt war. Nach der Wahl □□□□□□ zum Kaiser wurde der Kampf gegen Luther und seine Anhänger jedoch weitergeführt. Dieser gipfelte am 15. Juni 1520 in der □□□□□□□□□□□□□, mit der Luther ultimativ aufgefordert wurde, seine Lehren zu widerrufen. Luther reagierte demonstrativ; er verbrannte öffentlich in Wittenberg die □ □□□□□. Der Papst verhängte daraufhin im Januar 1521 den □□□□□□□□□ über Luther.

Luthers Thesenanschlag an der Schlosskirche zu Wittenberg

Elisabeth Höhn: Rätsel für den Religionsunterricht

Luther als Junker Jörg

© akg-images

Kaiser Karl V. sah sich durch die lutherfreundliche Stimmung im Land und durch den Einfluss einiger ________, die hofften, durch Luther den Einfluss des Papstes auf die ________ zu schwächen, gezwungen, Luther anzuhören. So wurde der Rebell auf den ________-________ ________ geladen und ihm ________ ________ zugesichert. Um Schlimmeres zu verhindern, inszenierte Kurfürst ________ ________ ________ 1521 die Entführung Luthers auf die ________. Dort versteckte er Luther als ________ ________ für ein Jahr, um ihn vor dem Zorn Roms zu schützen. Auf der Wartburg schrieb er Auslegungen, besonders zu den ________-________. Des Weiteren arbeitete er an einer Sammlung von ________ ________. Aber die größte Leistung auf der Wartburg war die Übersetzung des ________ ________-________ vom ________ ins Deutsche.

In den folgenden Jahren erwuchs der Reformation eine neue Gegnerschaft. ________ ________, ________ und ehemaliger Anhänger Luthers, wurde 1525 zum Führer der ________ in Thüringen. Diese sich auf die lutherischen Lehren berufenden Kräfte forderten ________ ________-________ ________ auch durch den Sturz der Obrigkeiten. In seinen Predigten, die er auch im Aufstandsgebiet selbst hielt, wandte sich Luther gegen jede gewaltsame Handlung. Luther forderte die Menschen dazu auf, sich von geistiger Willkür der Obrigkeit zu befreien, nicht von wirtschaftlicher und politischer. Er erntete jedoch nur ________ seitens der Bauern. Wie aus der Geschichte bekannt ist, errangen die sich zusammenrottenden Bauern zunächst einige militärische Erfolge gegen die Obrigkeit, erlitten dann aber am 15. Mai 1525 in der ________ ________ ________-________ eine vernichtende Niederlage.

Kurz nach der entscheidenden Niederlage gegen die Landesherren heiratete Luther die 16 Jahre jüngere Nonne ________ ________ ________, mit der er sechs Kinder bekam. Luther verstarb am 18. Februar 1546 in Eisleben.

Lückenwörter

freies Geleit – Karls V. – Reichstag nach Worms – Prediger – Fürsten – Bulle – Seelenheil – Johann Tetzel – Schlosskirche – Kaisers Maximilian – Ablassbriefen – Wittenberg – Fegefeuers – Priester – Bannfluch – Bannandrohung – Zukunft – 95 Thesen – Reichspolitik – Ketzerprozess – Kurie – Ablasshandels – Neuen Testamentes – Friedrich der Weise – zeitlicher Sündenstrafen – Griechischen – deutschen Predigten – Wartburg – Junker Jörg – Psalmen – Ablehnung – Bauernerhebungen – Thomas Müntzer – Katharina von Bora – Schlacht bei Frankenhausen – gerechtere wirtschaftliche Verhältnisse

Martin Luther und die Reformation

Dieses Gitterrätsel stellt einige Fragen über Luther und das zeitgenössische gesellschaftliche Umfeld. Beantworte die Fragen von Seite 79 und füge die jeweiligen Begriffe in die zugehörigen Kästchen ein.

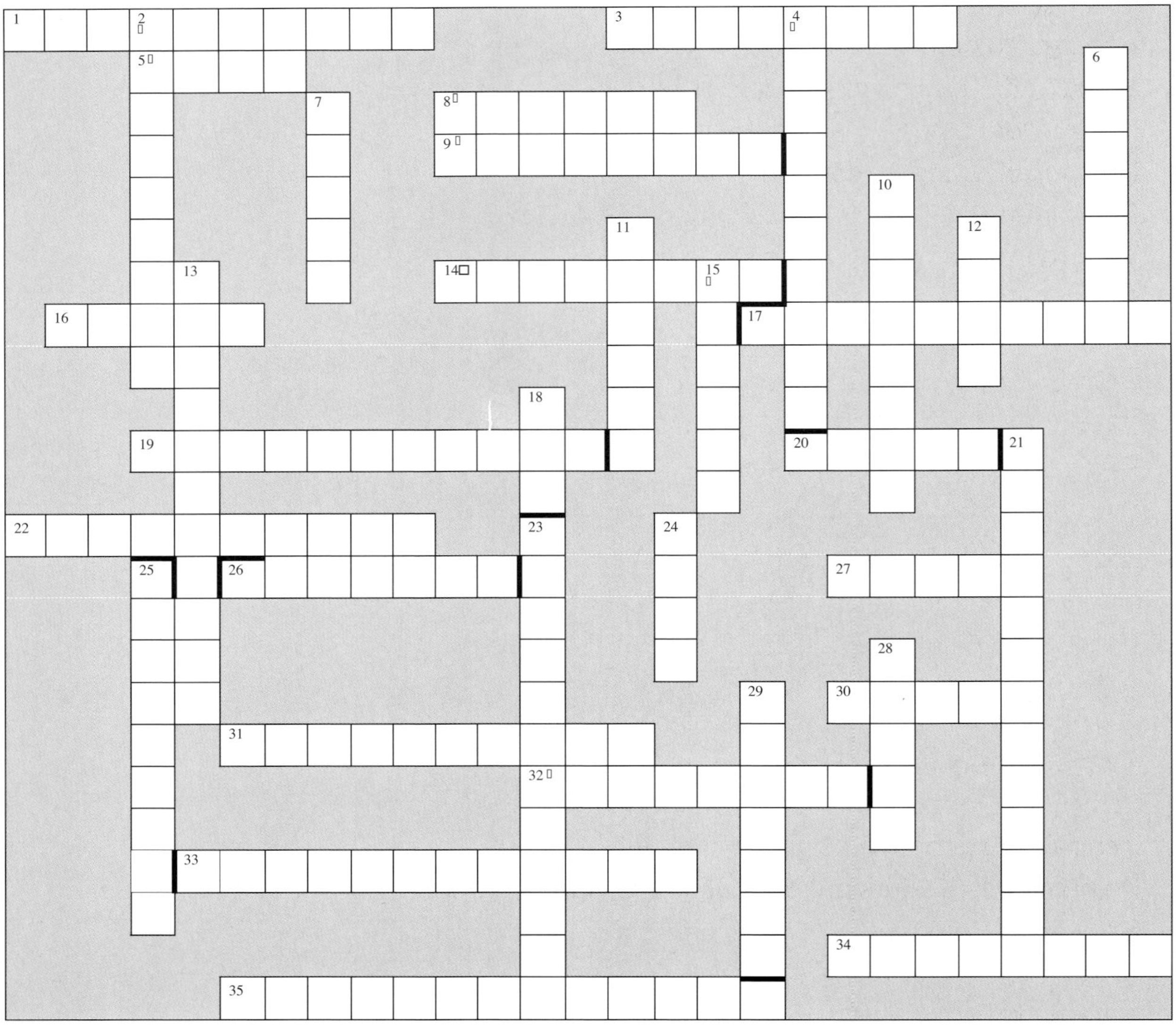

Fragen

1. Deckname Luthers auf der Wartburg
2. Name der Ehefrau Luthers
3. Gelübde, das Luther als Mönch ablegte
4. Buch der Bibel, das Luther immer wieder studierte
5. Schutzpatronin der Bergleute
6. Nachname des Anführers der Bauernbewegung
7. Stadt, in der der Reichstag stattfand
8. Apostel, an dem sich Luther vorwiegend orientierte
9. Stadt, in der Luther das Ende seiner Schulzeit verbrachte
10. Ort, an dem Luther das Neue Testament übersetzte
11. Dominikanermönch, der den Ablasshandel betrieb
12. Strafmaßnahme des Papstes gegen Luther 1521
13. Vom Kurfürsten gegründete Einrichtung
14. Geburtsstadt Luthers
15. Stadt, in der Luther sein Theologiestudium begann
16. Vor der Eheschließung lebte Luthers Ehefrau als ...
17. Stadt, in der Luther als Professor tätig war
18. Stadt, die Luther 1511 bereiste
19. Freund und Berater Luthers
20. Kaiser zur Zeit Luthers
21. Gebäude, an das Luther seine 95 Thesen geheftet haben soll
22. Mönchsorden, dem Martin Luther 1491 beitrat
23. Schule, die Luther 1491 besuchte
24. Studium, das Luther auf Wunsch seiner Vaters begann
25. Studium, das Luther 1507 begann
26. Luther sah Christus zunächst als unbarmherzigen ...?
27. Zentrales Glaubensbuch im Christentum
28. Beiname des Kurfürsten, der Luthers Entführung inszenierte (Friedrich der ...)
29. Schweizer Reformator
30. Anzahl der Kinder Luthers
31. Unterrichtsfach Luthers als Professor
32. Nachname des Generalvikars des Augustinerordens
33. Ort, bei dem Luther während eines Gewitters versprach, Mönch werden zu wollen
34. Zentraler Anklagepunkt im Prozess gegen Luther
35. Beruf von Luthers Vater

Schriften von Martin Luther

Übersetze mithilfe des Codierschlüssels die angegebenen Schriften Martin Luthers.

1. αν δεν χηριστλιχηεν αδελ δευτσχηερ νατιον, 1520
2. ϖον δερ βαβψλονισχηεν γεφανγενσχηαφτ δερ κιρχηε, 1520
3. ϖον δερ φρειηειτ εινεσ χηριστενμενσχηεν, 1520
4. ωιδερ διε μορδισχηεν υνδ ρευβερισχηεν ροττεν δερ βαυερν, 1525
5. δασσ φεσυσ ειν γεβορενερ φυδε ωαρ, 1542
6. ϖον δεν φυδεν υνδ ιηρεν λυεγεν, 1543

1. __ ___ ____________ ____ _______-
__ ______, 1520
2. ___ ___ _____________ ________-
______ ___ ______, 1520
3. ___ ___ ________ _____ ________-
________, 1520
4. _____ ___ __________ ___ ___-
_________ ______ ___ ______, 1525
5. ____ _____ ___ _________ ____
___, 1542
6. ___ ___ _____ ___ _____ ______, 1543

Auf die Frage, wie der sündige Mensch vor Gott bestehen könne, fand Luther drei Antworten:

1. νυρ ιμ γλαυβεν αν φεσυσ χηριστυσ, δεν γεκρευζιγτεν
2. νυρ ιμ ϖερτραυεν αυφ διε γναδε γοττεσ
3. νυρ ιμ λεσεν δερ βιβελ

1. ___ __ _______ __ _____ ________,
___ ____________
2. ___ __ _________ ___ ___ _____
______
3. ___ __ _____ ___ _____

Codierschlüssel:

A	B	C	D	E	F	G	H	I	J	K	L	M	N	O	P	Q	R	S	T	U	V	W	X	Y	Z
α	β	χ	δ	ε	φ	γ	η	ι	φ	κ	λ	μ	ν	ο	π	θ	ρ	σ	τ	υ	ϖ	ω	ξ	ψ	ζ

9. Die Kirchen

Modelle von Kirche

Dieser Lückentext enthält unterschiedliche Definitionen vom Begriff Kirche. Trage die Lückenwörter in die entsprechenden Kästchen ein. Das Lösungswort ergibt das größte Kirchengebäude der Welt. Es fasst 60.000 Menschen und wurde von 1506–1626 erbaut.

1. Eine dem ☐[2]☐☐☐☐☐☐ Gott zugewandte und von seiner Gnade beschenkte, der christlich-apostolischen [3]☐☐☐☐☐☐☐☐ verpflichtete, auf geistgewirkte Einheit bedachte und mit dem Anspruch einer für alle Menschen geltenden Verbindlichkeit auftretende ☐[4]☐☐☐☐☐☐☐☐☐☐☐☐☐☐☐☐☐☐☐.
2. Institution zur [1]☐☐☐☐☐ religiöser Bedürfnisse und zur Festigung der ☐☐-[5]☐☐ auf der Basis der Lehre Jesu Christi, mit gemeinschaftsfördernden Riten und [7]☐☐☐☐☐☐☐☐☐, hierarchisch strukturiert, ☐☐☐☐☐☐☐☐☐☐☐☐.
3. An Pfingsten entstandene ☐☐[17]☐☐[6]☐☐☐☐☐☐ von Menschen, die als ☐☐-☐☐☐☐☐☐ Jesus als Herrn und ☐☐☐-☐☐☐☐ ihres Lebens bekennen, im Sinne der ☐☐-☐☐☐☐ Gottes verantwortlich in dieser Welt zu leben versuchen, sich regelmäßig zu Gottesdienst und ☐☐☐☐☐☐☐☐☐ versammeln.
4. Gemeinschaft von Schwestern und ☐[9]☐☐☐☐☐, die sich am ☐[16]☐☐ Jesu orientieren, sich vom Geist Jesu leiten lassen, sich mit dem ☐☐☐☐☐☐☐ Jesu identifizieren, die ☐☐☐☐☐[10][11]☐☐☐ Jesu über alle Lebensbereiche bekennen und mit dem Kommen Jesu eine gute ☐☐☐☐[14]☐☐ für alle erwarten.
5. Raum zur Erfahrung von ☐[8]☐☐[12] und Angenommensein, Forum zur Ermöglichung von Austausch und Klärung, Plattform zur Praktizierung von Solidarität und Zuwendung, Feld zur Bewährung von ☐[15]☐[13]☐☐☐☐ und Gerechtigkeit, Haus der Begegnung von Mensch zu Mensch – dies alles im Namen Jesu Christi.

Lösungswort: ☐☐☐☐☐☐☐☐☐☐☐☐ ☐☐ ☐☐☐

1 2 3 4 5 6 7 8 9 10 11 12 13 14 15 16 17

Lückenwörter

Religionsgemeinschaft – Moral – Freiheit – Wort – Getaufte – Herrschaft – heiligen – Gebote – Auftrag – Zukunft – Tradition – Pflege – Brüdern – Abendmahl – übernational – Gemeinschaft – Liebe – Kultformen – Heiland

Aussagen über Kirche

Umfrage: Kirche ist für mich wie ...

- ☐ „ein Kind, das nicht erwachsen werden will."
- ☐ „eine Mutter, zu der man immer kommen kann."
- ☐ „ein Supermarkt, um ‚Heil zu kaufen und zu sichern.'"
- ☐ „eine Dressur im Zirkus."
- ☐ „ein Großvater, der gerne helfen möchte, es aber effektiv nicht kann."
- ☐ „ein Berg, der Schatten spendet, aber auch die Sicht versperrt."
- ☐ „ein nebelverhangenes Haus."
- ☐ „ein altes Gebäude unter Denkmalschutz."
- ☐ „ein Buch, in dem man nicht alles versteht."
- ☐ „eine Vertröstungs-AG."
- ☐ „ein riesiges Uhrwerk in prachtvollem Gehäuse."
- ☐ „ein schlecht aufgestellter Wegweiser."
- ☐ „ein unsichtbares Band, das zusammenhält."
- ☐ „ein starker Balken im Meer der Zeit, an dem Menschen sich festhalten."
- ☐ „ein Ruderboot, das uns über Wasser hält."
- ☐ „ein Schulklasse – es gibt gute und schlechte Schüler."
- ☐ „ein helles Licht in der Nacht."
- ☐ „ein Orchester ohne Dirigent."
- ☐ „ein Experiment mit ungewissem Ausgang."
- ☐ „ein längst bekanntes Buch, dem man immer neue Anregungen entnehmen kann."
- ☐ „eine Menge tanzender Menschen."
- ☐ „eine Gelegenheit, Feste zu feiern."

Der Aufbau der römisch-katholischen Kirche

1. Beschreibe den Aufbau der römisch-katholischen Kirche, indem du die folgenden Begriffe in der richtigen Reihenfolge in die Pyramide einträgst:
Volk – Priester – Nonnen – Bischöfe – Papst – Kardinäle – Mönche.

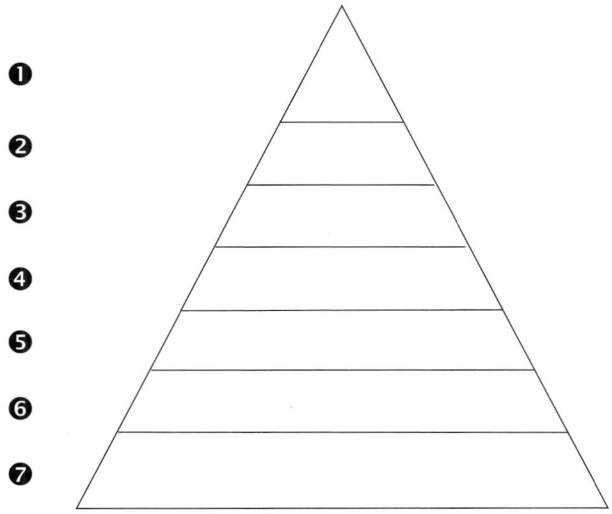

2. Trage in die Kästchen die Nummern der jeweiligen Hierarchiestufen aus Aufgabe 1 ein.

- ☐ viele arbeiten handwerklich oder als Lehrer
- ☐ Unterteilung in Franziskanerinnen, Karmeliterinnen u.v.m.
- ☐ Stellvertreter Christi
- ☐ im Kloster lebende Ordensmänner
- ☐ vom Papst ernannte Oberhirten
- ☐ viele arbeiten im sozialen Bereich, in der Landwirtschaft oder im handwerklichen Bereich
- ☐ Nachfolger der Apostel Petrus und Paulus
- ☐ oberster Lehrer, Gesetzgeber und Richter
- ☐ geloben Armut, Treue, Keuschheit und Gehorsam
- ☐ schwören dem Papst absoluten Gehorsam
- ☐ bilden das Kirchenvolk, die „Herde”
- ☐ im Kloster lebende Ordensfrauen
- ☐ Staatsoberhaupt des Vatikanstaates
- ☐ Bischof von Rom
- ☐ Patriarch des Abendlandes
- ☐ vom Bischof geweiht
- ☐ Pflichten: beten, sonntags den Gottesdienst besuchen, regelmäßig zur Beichte gehen
- ☐ oberster Priester und Hirte
- ☐ Unfehlbarkeit seit 1870
- ☐ Unterteilung in Franziskaner, Benediktiner, Kapuziner, Jesuiten u.v.m.
- ☐ vom Papst ernannte oberste Bischöfe
- ☐ wählen seit 1059 den Papst
- ☐ geloben Keuschheit, Gehorsam, Treue und Armut

Der Aufbau der evangelisch-lutherischen Kirche

1. Trage die folgenden Begriffe in der richtigen Reihenfolge in die Kirchenumrisse ein: *Landeskirchenrat – Landessynode – Dekanatssynode – Gemeindeglieder – Landessynodalausschuss – Landesbischof – Kirchenvorstand*

❶
❷
❸
❹
❺
❻
❼

2. Trage in die Kästchen die Nummern der jeweiligen Kirchenebene ein.

☐ von der Landessynode gewählter/e Pfarrer/in für die ganze Landeskirche

☐ Aufgaben: Leitung der Landeskirche, Ordnung des kirchlichen Lebens, kirchliche Finanzverwaltung, Stellungnahme zu aktuellen Fragen und Problemen

☐ setzt sich zusammen aus hauptamtlichen Oberkirchenräten

☐ Aufgaben: Leitung der Gemeinde

☐ besteht aus einem Gremium von Kirchenvorstehern und Pfarrern

☐ werden von den Kirchenvorstehern gewählt

☐ höchstes kirchenleitendes Organ

☐ von der Landessynode gewählt

☐ von den Gemeindegliedern jeder einzelnen Kirchengemeinde jeweils für 6 Jahre gewählt

☐ werden von der Landessynode berufen

☐ Vertretung der Kirche gegenüber dem Staat

Die Päpste – Oberhäupter der katholischen Kirche

Dieses Rätsel enthält 20 bedeutende Päpste und ihre jeweilige geschichtliche Bedeutung.

Aufgaben

1) Ordne die Papstnamen (AB S. 87) den jeweiligen Beschreibungen zu.
2) Suche in dem Buchstabenrätsel waagerecht, senkrecht und diagonal die Namen der Päpste und markiere sie.

1. □□□□□ □□ (1088–1099) rief aufgrund eines Hilferufs aus Byzanz auf der Synode von Clermont am 26. Nov. 1095 zum 1. Kreuzzug auf, womit er die Kreuzzugbewegung einleitete

2. □□□□□□□□ □□ (1288–1292) Mit ihm bestieg zum ersten Mal ein Ordensgeneral der Franziskaner den päpstlichen Stuhl. War ein großer Förderer der Ost- und Orientmission und Gründer der Universitäten von Montpellier und Lissabon

3. □□□□□□ □ (590–604) legte den Grund zum Kirchenstaat, der durch die Schenkung von Pippin dem Jüngeren definitiv geschaffen wurde; er betrieb die Mission der Angelsachsen und erreichte eine engere Bindung der Westgoten an Rom

4. □□□□□□□□□□ □□ (1099–1118) krönte Heinrich V. am 13. 4. 1111 zum Kaiser, widerrief dies jedoch bald darauf und musste vor dem Kaiser fliehen; eine seiner Verfügungen verbot die Gottesurteile

5. □□□□□□ □□□ (1073–1085) beanspruchte den Vorrang des Papstes vor jeder weltlichen Gewalt; schaffte die Priesterehe und die Simonie (Ankauf von geistlichen Ämtern) ab

6. □□□□ □ (1903–1914) trat Versuchen, das Glaubensgut neu zu durchdenken, mit der rigorosen Verurteilung des „Modernismus" entgegen; ließ es zum offenen Bruch mit Frankreich kommen

7. □□□□ □□ (1963–1978) führte das 2. Vatikanische Konzil zu Ende, betonte die päpstliche Autorität und verhielt sich reserviert gegenüber neuen Strömungen in der katholischen Theologie

8. □□□□□□□□ (1978) verstand sich in erster Linie als Seelsorger der unkonventionellen Art und strebte entscheidende Reformen des Vatikanstaats an; starb bereits 33 Tage nach Antritt seines Pontifikats

9. □□□□□□ □ (1417–1431) Die machtpolitischen Interessen traten ganz hinter die geistlichen Aufgaben zurück; er baute den Kirchenstaat wieder auf

10. □□□□ □□ (1922–1939) wandte sich mit dem Rundschreiben „Mit brennender Sorge" gegen zahlreiche Konkordatsverletzungen des Deutschen Reiches und unterzog die nationalsozialistische Ideologie scharfer Kritik

11. □□□□□□□□ — (1978–2005) Seit 1523 der erste nicht-italienische Papst; er wurde im Mai 1981 bei einem Attentat schwer verletzt, unternahm zahlreiche Reisen innerhalb Europas, nach Afrika sowie Lateinamerika; veröffentlichte mehrere Sozialenzykliken

12. □□□□□□□ □□ — (1154–1159) war der einzige englische Papst; widmete sich vor allem dem Ausbau der geistlich-weltlichen Doppelgewalt des Papsttums; krönte am 18. Juni 1155 Friedrich Barbarossa zum Kaiser

13. □□□□□□□□ — (1958–1963) setzte sich für innere Reformen der katholischen Kirche ein und trug zur Verbesserung der Beziehungen zu anderen Konfessionen bei; 1962 berief er das 2. Vatikanische Konzil ein.

14. □□□□□□ □□□ — (1181–1185) gewann Friedrich I. für den 3. Kreuzzug und gegen das Vorgehen gegen Katharer und Waldenser

15. □□□□□□□ □ — (254–257) begründete den Vorrang des Bischofs von Rom innerhalb der Kirche erstmalig mit der Bibelstelle (Matth 16,18)

16. □□□□□□□□ □□□ — (1198–1216) initiierte Kreuzzüge gegen Konstantinopel, die Pruzzen und die Albigenser und verhalf der Inquisition zu neuem Aufschwung; er nannte sich Weltbischof; unter ihm erreichte das Papsttum den Höhepunkt seiner weltlichen Macht

17. □□□ □ — (440–461) konnte seine Autorität erstmalig auf das gesamte Abendland ausdehnen; den Barbarenstürmen auf Italien trat er mutig entgegen und konnte 452 bei einem Treffen den Hunnenkönig Attila zur Umkehr und zum Friedensschluss mit dem Reich bewegen

18. □□□□□□ □□ — (1227–1241) organisierte die Inquisition, die er vor allem den Dominikanern übertrug, und verbot das Studieren der naturwissenschaftlichen Schriften des Aristoteles

19. □□□□ □□□ — (1534–1549) 1536 übertrug er einer Kommission die Ausarbeitung einer Denkschrift zur Neuerung der Kirche; in diesem Dokument wurden die Missstände in der Kirche mit großer Offenheit angesprochen; gleichzeitig bildete diese Denkschrift ein Grundlagenpapier für das Konzil von Trient, bei dem die Abgrenzung des Katholizismus von der Reformation beschlossen wurde

20. □□□□□□□□ □□ — (1243–1254) beschloss den 6. Kreuzzug und einen gegen Friedrich II. Beide misslangen. Ermächtigte die politischen Herrscher zur Anwendung der Folter gegen Ketzer und beanspruchte die Lehnshoheit über alle Herrscher und Völker

Wortsuchrätsel

```
                              K
                              S
                            L G M
                            N E S
                          J V X O P
                        M B H F I I Ü
                        P A U L I I I
                      B C I I P Ä L H N
                      G I X Y S Ö K I Z
                    N I R H Ä T O I J X W
    M           P   Z V I E H E I T D Ö K   P     Z
Ü K Ö G L N D Z Q N F I B Ä G S D B C Ü D G R E G O R I Ö
N I G S P J L F E W S M H N U O J O H A N N E S P A U L I
K N J T O D G Z M I H Y A I U J R G V C E J O L H K R Z F
L N O P U V O M L G A K C R F R P I J Ü Z O T D J B S G Z
Ü O F K A N U A N R J U P J T H B Q X V F J G M P U K F H
O Z K N N U H Z E E L I I W P I O A S N I K O L A U S I V
Q E H I N C L D U G B C U L U P N I N K R I F J G D O L Ü
A N C Z S U P V F O Z I S G L U P V F I D L G I T U B K P
W Z F A I T U F I R D V X Z T X J P Ö H I N W L B J O K I
B I P Q T O H L B V D G I S J O H A N N E S P A U L I I U
L V V H R I L G K I G R H D Ö I P N G J F E Z X V S J Z S
S F E U T Z V D A I J H A D R I A N I V L K B Q T E X A X
L J M J O H A N N E S X X I I I B E Z O G K S V Y Z O D B
P H R Z J G N D H X B W O P Ö G S T E P H A N I K F N S V
```

Lösungswörter

Gregor I.	*Innozenz IV.*	*Lucius III.*	*Paul VI.*
Gregor VII.	*Johannes Paul I.*	*Martin V.*	*Pius X.*
Gregor IX.	*Johannes Paul II.*	*Nikolaus IV.*	*Pius XI.*
Hadrian IV.	*Johannes XXIII.*	*Paschalis II.*	*Stephan I.*
Innozenz III.	*Leo I.*	*Paul III.*	*Urban II.*

Elisabeth Höhn: Rätsel für den Religionsunterricht

Unterschiede zwischen der katholischen und der evangelischen Kirche

1. Unterstreiche
   a) **rot** die Begriffe, die zur evangelischen Kirche gehören,
   b) **blau** die Begriffe, die zur katholischen Kirche gehören und
   c) **gelb** die beiden Kirchen zugehörigen Begriffe.
2. Erläutere die Bedeutung der einzelnen Begriffe.

evangelisch	–	katholisch	–	Gemeinsamkeiten

Papst
Osterkerze
Christen
Bibel (Altes und Neues Testament)
Paramente
sich bekreuzigen
Vaterunser
Kommunion
Kreuz
Karfreitag
Gründonnerstag
an Jesus Christus glauben
Pfarrerinnen
Passionszeit
Heiligenverehrung
Advent
ewiges Licht
Firmung
Weihnachtszeit
an Gott glauben
Abendmahl
Gottesdienst
Beichtstuhl
Pfarrer
Ostern
Himmelfahrt
Taufe
Weihwasser
Konfirmation
an den Heiligen Geist glauben
Glaubensbekenntnis
Priester
Tabernakel
Pfingsten

Erläuterungen der einzelnen Begriffe

Abendmahl ....

Advent ....

Beichtstuhl ....

Bibel ....

Christen ....

Ewiges Licht ....

Firmung ....

Glaubensbekenntnis ....

Gottesdienst ....

Gründonnerstag ....

Heilige ....

Himmelfahrt ....

Karfreitag ....

Kommunion ....

Konfirmation ....

Ostern ....

Osterkerze ....

Papst ....

Paramente ....

Passionszeit ....

Pfarrerinnen ....

Priester ....

Rosenkranz ....

Tabernakel ....

Taufe ....

Vaterunser ....

Weihnachten ....

Weihwasser ....

30 Fragen – 30 Antworten rund um die Kirche

Überlege jeweils, ob die Aussage stimmt oder nicht.

		stimmt	stimmt nicht
1.	Evangelische und katholische Christen beten das gleiche Vaterunser.		
2.	Für die Katholiken ist Karfreitag kein Feiertag.		
3.	Evangelische Pfarrer dürfen nicht heiraten.		
4.	Katholiken sollten jeden Sonntag den Gottesdienst besuchen.		
5.	Die evangelische Kirche kennt nur zwei Sakramente.		
6.	Der Papst ist das Oberhaupt aller Christen.		
7.	Frauen dürfen evangelische Landesbischöfin werden.		
8.	Das Konzil ist die Versammlung aller Kardinäle unter Vorsitz des Papstes.		
9.	Das Tabernakel ist der Aufbewahrungsort der Hostien (Oblaten).		
10.	Der Katholizismus ist älter als der Protestantismus.		
11.	Die evangelische Kirche kennt keine Heiligen.		
12.	Die Benediktiner sind der älteste Klosterorden.		
13.	Der Papst ist gleichzeitig Bischof von Rom.		
14.	Katholische Pfarrer predigen nicht im Gottesdienst.		
15.	Martin Luther gilt als Begründer der evangelischen Kirche.		
16.	Das Glaubensbekenntnis sprechen nur die Katholiken.		
17.	Die evangelische Kirche kennt keinen Beichtzwang.		
18.	Ein Kaplan ist ein Hilfsgeistlicher eines katholischen Pfarrers.		
19.	Der Landesbischof ernennt die Kirchenvorstände der Gemeinden.		
20.	Nur die katholischen Christen bekreuzigen sich.		
21.	Katholiken erhalten beim Abendmahl in der Regel keinen Wein.		
22.	Der Papst wird von der Gemeinschaft der Katholiken gewählt.		
23.	Nur Katholiken beten den Rosenkranz.		
24.	Für evangelische Christen ist Maria keine Heilige.		
25.	Die Ehe ist ein Sakrament in der evangelischen Kirche.		
26.	Im Katholizismus gibt es neun Sakramente.		
27.	In Deutschland gibt es zehn Kardinäle.		
28.	Die Kardinäle werden vom Papst ernannt.		
29.	Die Landessynode ist das höchste kirchenleitende Organ der ev. Kirche.		
30.	Die Diözese ist der Amtsbezirk eines Kardinals.		

Was gehört zu einem Christen?

	Deine Meinung				Meinung der Klasse			
	0	1	2	3	0	1	2	3
1. Jeden Samstag oder Sonntag zur Kirche gehen								
2. Versuchen, die Mitmenschen zu bekehren								
3. Ein anständiges, ordentliches Leben führen								
4. Keine Glaubenszweifel haben								
5. Ein Kreuz in der Wohnung haben								
6. Eine gute Leistung in Beruf oder Schule bringen								
7. Sich nichts nachsagen lassen								
8. Darauf achten, dass man gut mit den anderen auskommt								
9. Glauben, dass mit dem Tod nicht alles aus ist								
10. Sich einsetzen, wo einem anderen Unrecht geschieht								
11. Sich im Verzicht üben								
12. In der Pfarrgemeinde mitarbeiten								
13. Regelmäßig beten								
14. Zueinander lieb und nett sein								
15. Glauben, was die Kirche sagt								
16. Sich an der Heiligen Schrift orientieren								
17. Keinen Streit aufkommen lassen								
18. Sich an die Gebote halten								
19. An eine bessere Zukunft glauben und sich dafür einsetzen								
20. An die Dreifaltigkeit glauben								
21. Das Vertrauen auf Gott und auf die Menschen nicht verlieren								
22. Kein Kind ohne Taufe sterben zu lassen								
23. Zur Auseinandersetzung und Veränderung bereit sein								
24. Über Jesus informiert sein								

Die drei wichtigsten Punkte			
Die drei unwichtigsten Punkte			

0 = unwichtig; 1 = wenig wichtig; 2 = wichtig; 3 = sehr wichtig

Wichtige Daten der Geschichte des Christentums

Im folgenden Kasten stehen einige wichtige Daten zur Geschichte des Christentums. Ordne sie jeweils den Fragen zu.

720 v. Chr.	*612 v. Chr.*	*64 n. Chr.*	*100 n. Chr.*
538 v. Chr.	*1000 v. Chr.*	*50 n. Chr.*	*587/86 v. Chr.*
64 od. 67 n. Chr.	*280–150 v. Chr.*	*60/62 n. Chr.*	*132–135 n. Chr.*
1929 n. Chr.	*6 v. Chr.*	*30 n. Chr.*	*70 n. Chr.*
80 n. Chr.	*90 n. Chr.*	*100 n. Chr.*	*325 n. Chr.*
381 n. Chr.	*1506–1626 n. Chr.*	*1483 n. Chr.*	*1517 n. Chr.*
927 v. Chr.	*1521 n. Chr.*	*1524–1525 n. Chr.*	*54–68 n. Chr.*
1096–1099 n. Chr.	313 n. Chr.		

1. Martin Luther übersetzt auf der Wartburg das Neue Testament vom Griechischen ins Deutsche ....
2. Zweiter jüdischer Aufstand, völlige Zerstörung Jerusalems ....
3. König David besiegt die Philister und begründet die Vormachtstellung Israels ....
4. Entstehung des Markusevangeliums ....
5. Kreuzfahrer besetzen das Heilige Land und gründen das Königreich Jerusalem ....
6. Geburt Jesu ....
7. Edikt des Perserkönigs Kyros II., der die Juden aus babylonischer Gefangenschaft befreite ....
8. Bau der Peterskirche in Rom ....
9. Babylonier zerstören Ninive ....
10. Kreuzigung Jesu ....
11. Krönung Salomos zum König von Israel ....
12. Entstehung des Lukasevangeliums ....
13. Thesenanschlag Luthers an der Schlosskirche zu Wittenberg ....
14. Beginn der Christenverfolgung unter Kaiser Nero ....
15. Geburt Martin Luther Kings ....
16. Apostelkonzil in Jerusalem ....
17. Toleranzedikt von Mailand: Kaiser Konstantin sichert den Christen und heidnischen Kulturen Religionsfreiheit zu ....
18. Untergang des Nordreichs Israel ....
19. Geburt Martin Luthers ....
20. Konzil von Nizäa ....
21. wahrscheinlicher Termin der Hinrichtung von Petrus und Paulus in Rom ....
22. Entstehung des Matthäusevangeliums ....
23. Synode in Jamnia ....
24. Brand in Rom unter Nero ....
25. Untergang das Südreichs Juda und Jerusalems ....
26. Übersetzung des Alten Testaments ins Griechische ....
27. Entstehung des Johannesevangeliums ....
28. Aufenthalt des Paulus in Rom ....
29. Beginn des Bauernkriegs ....
30. Konzil von Konstantinopel ....

10. Weihnachten

Beantworte folgende Fragen mithilfe der Bibel und trage
die Antworten in das Rätsel auf Seite 94 ein.
Die Lösungen findest du in den ersten zwei Kapiteln des Matthäus- und Lukasevangeliums.

Beachte: Ä=AE, Ö=OE, Ü=UE

1. Wie hieß die Stadt der Geburt Jesu?
2. Welcher König wollte das Kind töten?
3. Was tat Zacharias, als er wieder reden konnte? (Lk 1,64)
4. Prophet des Alten Testaments (Lk 1,17)
5. Aus welcher Sippe stammte Hanna? (Lk 2,36)
6. Was sollte Zacharias werden, als er den Worten des Engels nicht glaubte? (Lk 1,20)
7. Was schenkten die drei Weisen dem Jesuskind? (Mt 2,11)
8. Wer war Hanna? (Lk 2,36)
9. Welchen Grund hatte die Reise von Maria und Josef? (Lk 2,2)
10. Aus welchem Land kamen die Weisen? (Mt 2,1)
11. Wie wird Johannes noch genannt?
12. Wer erschien den Hirten?
13. In welchem Land lag die Stadt Bethlehem? (Mt 2,6)
14. Wie hieß der Prophet, dessen Weissagungen erfüllt werden sollten? (Mt 2,17)
15. Wie hieß der Engel, der die Geburt Jesu ankündigte? (Lk 1,26)
16. In welchem Gebiet wohnten Maria und Josef? (Lk 2,4)
17. Wie hieß der Verlobte von Maria?
18. Wie lebten Zacharias und Elisabeth? (Lk 1,6)
19. Wie sollte Jesus noch genannt werden?
20. In welches Land flohen Maria und Josef? (Mt 2,13)
21. In welcher Stadt wuchs Jesus auf?
22. Wie lautete der Name des Kindes von Maria und Josef?
23. Wen besuchte Maria? (Lk 1,40)
24. Was sah Simon? (Lk 2,30)
25. Wie hieß die Witwe und Prophetin? (Lk 2,36)
26. Aus welchem Geschlecht stammte Josef? (Mt 1,20)
27. Wie hieß der Sohn von Zacharias und Elisabeth? (Lk 1,60)
28. Wen rief Herodes zu sich? (Mt 2,4)
29. Wie heißt der dritte Evangelist?

1.
2.
3.
4.
5.
6.
7.
8.
9.
10.
11.
12.
13.
14.
15.
16.
17.
18.
19.
20.
21.
22.
23.
24.
25.
26.
27.
28.
29.

Lösungswort: ....

Die Botschaft des Engels

In diesem Rätsel ist die Botschaft des Engels an die Hirten zum Zeitpunkt der Geburt Jesu in Form eines zusammenhängenden Buchstabenpfades versteckt. Markiere den Pfad.

Q	W	E	E	R	T	Z	U	I	O	P	W	S	Y	X	C	V
A	F	R	H	E	D	U	E	R	F	E	S	S	O	R	G	R
D	Ü	D	E	F	C	D	T	Z	D	C	D	E	B	S	E	F
G	R	W	U	U	E	H	J	E	R	D	G	H	K	T	N	H
T	C	U	T	G	S	E	G	R	E	T	T	E	R	Z	I	S
M	H	Z	E	A	H	B	B	M	D	G	V	S	R	R	E	Q
B	T	T	I	A	E	O	D	H	I	D	C	M	E	N	H	A
N	E	A	S	A	K	R	W	T	H	S	W	K	D	B	C	L
X	T	C	T	S	R	E	N	T	S	F	A	A	S	K	U	P
P	E	R	I	R	Z	C	C	A	D	B	J	M	D	A	E	O
C	U	T	N	N	D	B	N	M	D	H	K	L	I	B	E	F
M	C	N	D	E	R	S	T	A	D	T	D	A	V	L	G	W
K	H	T	K	M	N	B	F	T	E	D	R	U	Z	A	I	H
S	N	I	C	H	T	I	C	H	V	E	R	K	Ü	N	D	U
R	A	S	D	F	G	H	J	K	L	R	W	D	A	R	T	Z

Weihnachtsbräuche in verschiedenen Ländern (I)

Bei diesem Lückentext sind die entsprechenden Wörter in die Kästchen einzufügen. Vergleiche die geschilderten Weihnachtsbräuche im Ausland mit den bei uns üblichen Formen des Weihnachtsfestes. Welche Unterschiede und Gemeinsamkeiten sind vorhanden? In welchem Land würdest du gerne Weihnachten feiern?

Italien: Auch in Italien gehören ☐☐☐☐☐☐☐☐☐☐☐☐☐☐ und ☐☐☐☐☐☐ zum Fest. Der Weihnachtsmann kommt in Italien allerdings erst am 25. Dezember. Am Dreikönigstag kommt die ☐☐☐☐ ☐☐☐☐☐☐ ebenfalls mit Geschenken für die Kinder.

Niederlande: In den Niederlanden ist der 24. 12. ein gewöhnlicher Tag mit normalen Öffnungszeiten der Geschäfte. Am Abend gibt es ein besonderes ☐☐☐☐☐ und kleine ☐☐☐☐☐☐☐-☐☐. Die großen Geschenke verteilt in den Niederlanden nicht der Weihnachtsmann, sondern ☐☐☐☐☐☐ ☐☐☐☐☐ am 6. 12. Der Nikolaus reitet mit einem ☐☐☐☐☐☐☐☐ über die Dächer und wirft Geschenke in den Schornstein.

Weihnachtsbräuche in verschiedenen Ländern (II)

Großbritannien: Am Abend des 24. 12. hängt man seinen Strumpf an den Kamin, der dann von □□□□□□ □□□□□□□□□, dem Weihnachtsmann, gefüllt wird. Typisches Weihnachtsessen in England: □□□□□□□□ und □□□□□□□□□□□.

Frankreich: In Frankreich ist Weihnachten kein besonders romantisches oder rührseliges Fest. Man legt eher Wert auf gepflegtes Essen. Auf den Festtagsspeiseplänen steht alles, was die französische Küche an Leckereien zu bieten hat: von □□□□□□□ und □□□□□□□□□□ bis zu □□□□□□□□□□ und □□□□□□. Wer nicht zu Hause fürstlich speist, geht aus in ein Restaurant oder in eines der großen □□□□□□□□□□□□ zu einer Show. Geschenke gibt es von □□□□ □□□□, dem französischen Weihnachtsmann, der Schuhe und Stiefel als Geschenkablage bevorzugt.

Russland: In Russland kommt □□□□□□□□□ □□□□□. In der Silvesternacht fährt er mit einem □□□□□□□□□□□□□□□ und seinen □□□□□□□□□□□□ übers Land und beschenkt die Kinder, die ihre Geschenke am Neujahrsmorgen unter dem Kopfkissen finden. In der Silvesternacht wird mit russischen Luxuslebensmitteln wie □□□□□□ und □□□□□□□□ gefeiert.

USA: In den USA kommt □□□□□ □□□□□ , der am Nordpol wohnt, mit einem □□□-□□□□□□□□□□□□□ am Heiligabend durch die Luft geflogen. Er steigt durch den Kamin ins Haus, um seine Geschenke zu bringen, die am Morgen des 25. 12. dann gefunden werden. □□□□□□□□ ist das traditionelle Weihnachtsessen.

Lösungswörter

Father Christmas, Krippe, Schneefrauen, Truthahn, Weihnachtsbaum, Schimmel, Kaviar, Rentierschlitten, Hexe Befana, Revuetheater, Krimsekt, Gänseleber, Truthahn, Geschenke, Plumpudding, Essen, Pferdeschlitten, Champagner, Sinter Klaas, Cognac, Père Noël, Väterchen Frost, Austern, Santa Claus.

Weihnachten in Großbritannien

In diesem Kreuzworträtsel müssen die deutschen Wörter ins Englische übersetzt werden. Bei richtiger Lösung ergeben die Buchstaben in den grauen Kästchen den Beginn eines bekannten englischen Weihnachtsliedes.

1 2 3 4 5 6 7 8 9 10 11 12 13 14 15 16 17 18 19 20 21 22 23

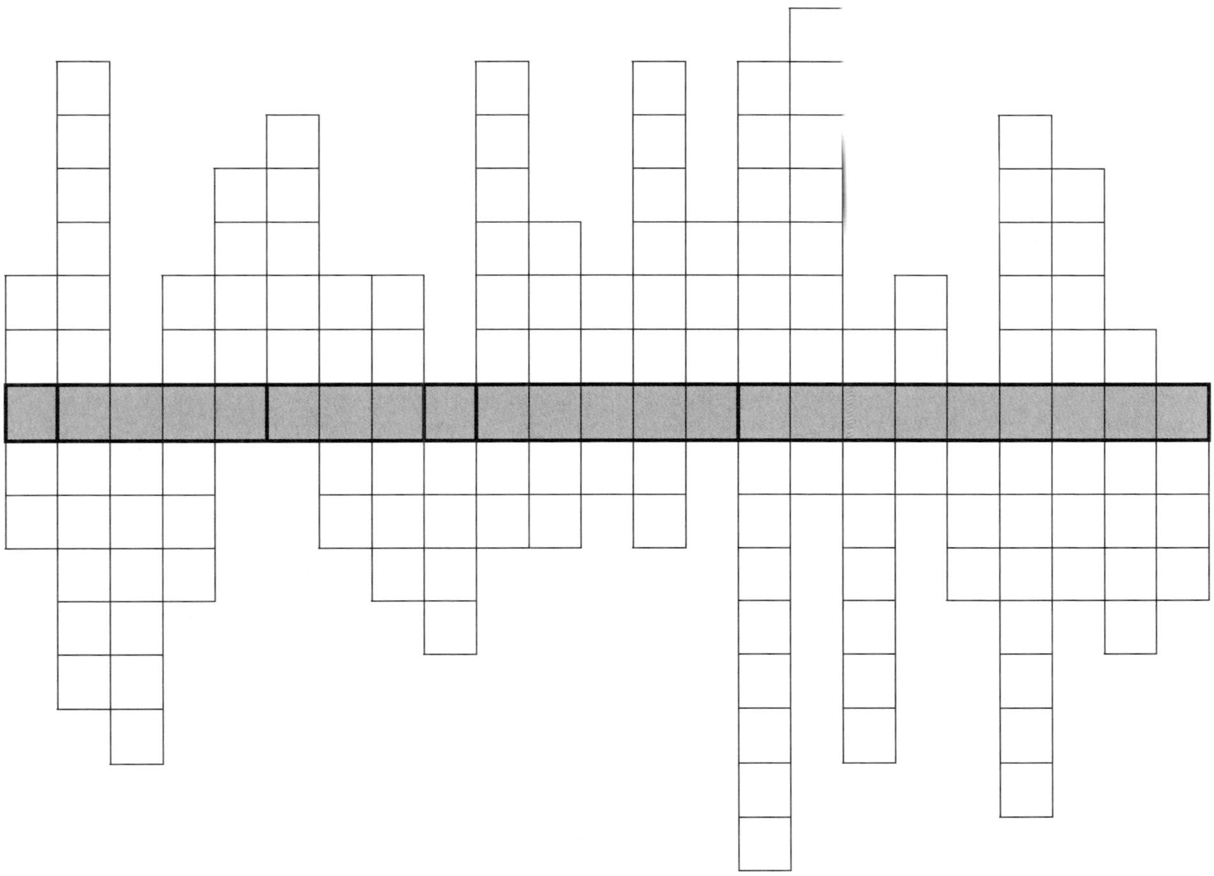

1. Heiliger
2. Adventskranz
3. Weihrauch
4. Evangelium
5. Myrrhe
6. Esel
7. Kreuz
8. Kirche
9. Engel
10. Weihnachten
11. Josef
12. Maria
13. Schafhirten
14. beten
15. Weihnachtsmann
16. Heilige Nacht
17. Geschenke
18. Krippe
19. Stern
20. Weihnachtsbaum
21. Dezember
22. Kerze
23. Schnee

Lösungen

Bibelquiz (S. 7)

Bedeutende Frauen im Alten und Neuen Testament (I) (S. 9)

1. Mose 4,1	Eva	Adams Frau
1. Mose 16,1	Hagar	Sarais Magd
1. Mose 20,2	Sara	Isaaks Mutter
1. Mose 24,58	Rebekka	Jakobs Mutter
2. Mose 15,20	Mirjam	Schwester von Aaron und Mose
1. Mose 29,32	Lea	Jakobs Frau
1. Mose 30,1	Rahel	Josefs Mutter
1. Sam 1,2	Hanna	Samuels Mutter
2. Mose 2,21	Zippora	Moses Frau
2. Sam 11,3	Batseba	Frau König Davids
2. Sam 13,1	Tamar	Tochter König Davids
Jos 2,3	Rahab	Bewohnerin Jerichos
2. Könige 22,14	Hulda	Prophetin
Richter 4,4	Debora	Richterin in Israel
1. Könige 21,5	Isebel	Frau König Ahabs

Bedeutende Frauen im Alten und Neuen Testament (II) (S. 10)

Mk 15,40	Salome	Jüngerin Jesu
Lk 1,40	Elisabeth	Mutter Johannes des Täufers
Lk 2,5	Maria	Jesu Mutter
Lk 2,36	Hanna	Prophetin
Lk 8,3	Johanna	Jüngerin Jesu
Lk 8,3	Susanna	Jüngerin Jesu
Lk 8,2	Maria Magdalena	Jüngerin Jesu
Joh 11,20	Marta	Lazarus Schwester
Apg 12,13	Rhode	Magd
Apg 16,14	Lydia	Purpurhändlerin
Apg 17,34	Damaris	Frau, die gläubig wurde
Joh 11,20	Maria	Lazarus Schwester
2. Tim 1,5	Eunike	Frau, die gläubig wurde
2. Tim 4,21	Klaudia	Mitarbeiterin von Paulus
Kol 4,15	Nympha	Mitarbeiterin von Paulus

Tiere in der Bibel (I) (S. 11)

O	W	U	L	T	C	K	F	R	D	L	S	B	N	T	A	A	A	F	F	E	N	M	N
U	O	L	M	N	C	P	K	A	D	L	E	R	E	I	A	N	F	L	O	R	N	A	T
O	L	B	J	U	P	P	I	U	P	B	I	P	H	U	M	U	M	D	C	V	P	U	V
L	F	J	K	F	J	S	P	L	Ö	W	E	Y	A	R	C	I	B	M	A	D	P	L	V
U	I	C	J	B	I	C	F	I	J	C	H	R	H	J	H	H	B	E	M	R	D	W	E
E	U	I	A	I	U	H	D	F	F	H	R	P	N	B	A	M	C	M	Ü	A	H	U	V
K	V	C	I	B	J	L	U	T	E	S	E	L	Ö	M	F	C	G	L	D	B	A	R	A
V	D	I	A	I	U	A	C	S	R	H	P	P	F	S	C	H	A	F	L	E	H	F	Z
Z	I	E	G	E	D	N	W	F	L	I	E	G	E	C	E	K	B	A	C	Ü	E	C	E
L	O	E	M	O	M	G	R	D	P	G	H	P	C	J	K	T	F	D	G	A	Q	C	W
S	W	A	U	B	I	E	M	F	G	G	Ä	C	J	K	E	I	D	E	C	H	S	E	Q
E	T	D	M	I	R	I	J	D	A	R	C	E	K	D	J	T	B	F	C	L	Q	S	E
D	W	O	U	P	F	E	R	D	E	L	H	K	A	M	E	L	L	L	Ä	B	G	E	Q
E	D	N	R	I	E	R	N	R	C	J	K	E	E	A	H	D	G	A	L	S	L	G	F
B	Ä	R	U	C	I	B	R	E	H	K	E	E	E	B	I	E	N	E	U	U	U	U	U
E	R	R	E	I	H	R	G	N	K	N	E	E	A	S	H	G	B	S	E	I	K	C	C
H	U	N	D	Ö	Y	S	B	H	A	S	E	X	E	G	B	A	S	F	I	O	U	E	H
N	D	N	G	O	R	P	K	O	Q	A	G	S	X	T	H	E	I	C	R	I	H	I	S
I	I	I	I	C	D	I	C	A	G	Q	I	Q	P	S	Q	C	T	E	S	O	Q	E	W
N	G	A	N	G	R	N	K	C	B	E	C	I	F	B	M	A	U	S	A	H	S	S	C
J	A	E	D	G	J	N	J	K	M	T	K	I	A	E	E	K	I	A	K	C	S	C	H
A	O	J	L	G	R	E	S	A	T	S	C	I	U	K	H	I	R	S	C	H	C	H	H

Tiere der Bibel (II) (S. 12)

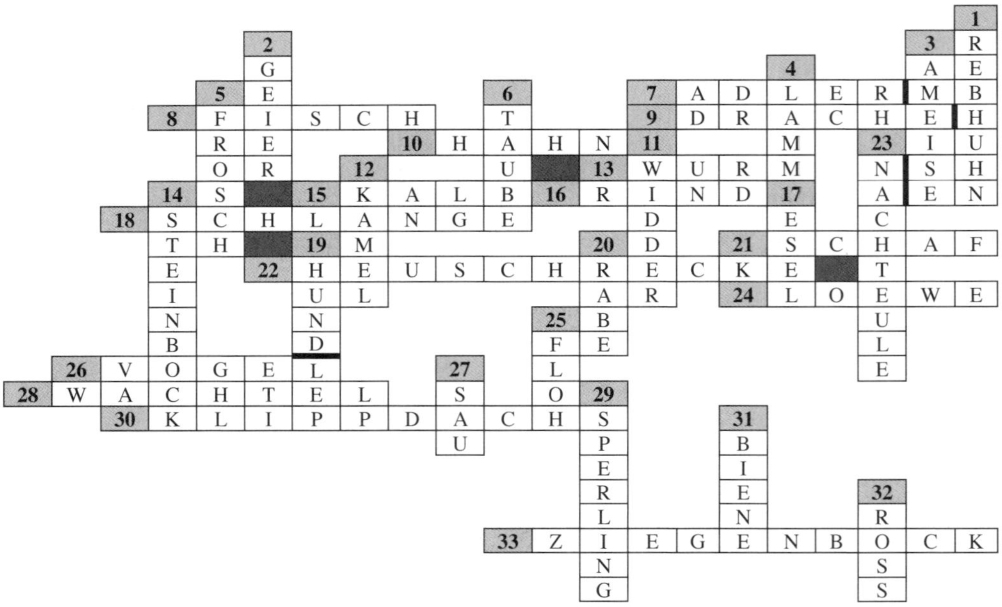

Der Schöpfungsbericht (S. 13)

K	L	P	X	A	Z	W	T	D	K	Q	R	S	N	E	Z	N	A	L	F	P
W	O	B	L	A	Z	O	W	C	M	W	Z	N	L	S	A	F	E	T	F	B
A	C	B	O	D	Q	R	S	T	F	Q	P	E	I	W	C	O	P	T	Z	R
U	X	L	N	K	M	O	P	R	N	Q	L	Z	C	A	B	O	D	O	P	Q
F	S	Q	R	H	L	E	M	M	I	H	Ä	W	H	K	L	N	W	X	O	P
B	E	W	Q	K	R	D	C	I	J	B	O	H	T	L	Ö	E	W	H	N	R
S	N	Q	R	S	T	U	L	W	S	K	M	X	O	E	H	L	A	N	D	O
G	N	F	R	E	N	S	M	N	N	Z	W	L	N	P	Q	L	P	B	D	E
R	O	M	E	N	T	G	W	Ö	D	R	P	H	T	S	F	M	C	A	S	B
Ä	S	P	O	K	W	X	Ä	Y	R	W	S	U	W	A	B	Z	O	K	Z	M
W	O	J	F	U	G	O	B	C	D	A	W	Ö	C	D	E	M	O	N	D	K
O	P	Y	S	S	T	E	R	N	E	S	P	B	O	T	W	K	Ö	L	M	S
N	F	Ö	W	S	T	D	X	A	Z	S	W	K	O	L	P	W	X	K	N	W
W	O	N	T	X	Y	E	D	O	W	E	X	A	K	L	T	D	Ä	E	C	O
L	M	E	Y	Q	R	H	X	A	Z	R	X	B	Ä	U	M	E	H	B	P	M
K	W	H	S	T	V	L	O	M	N	T	Ä	P	B	O	R	T	Y	R	W	X
P	O	C	W	K	Ö	L	M	N	T	I	A	Q	R	S	D	K	L	B	X	Y
B	O	S	E	K	G	Ä	C	T	D	E	W	K	L	F	M	N	K	X	A	C
Ö	D	N	N	K	E	L	M	W	X	R	R	E	R	E	I	T	D	N	A	L
X	A	E	B	E	L	C	T	W	A	E	Ö	T	Z	F	Z	O	N	D	E	W
L	N	M	F	B	X	P	L	R	A	W	H	B	P	E	D	Y	M	G	L	Z

1. Tag:	LICHT
2. Tag:	HIMMEL
3. Tag:	LAND PFLANZEN BÄUME
4. Tag:	SONNE MOND STERNE
5. Tag:	WASSERTIERE VÖGEL

Der Baum des Lebens (S. 14)

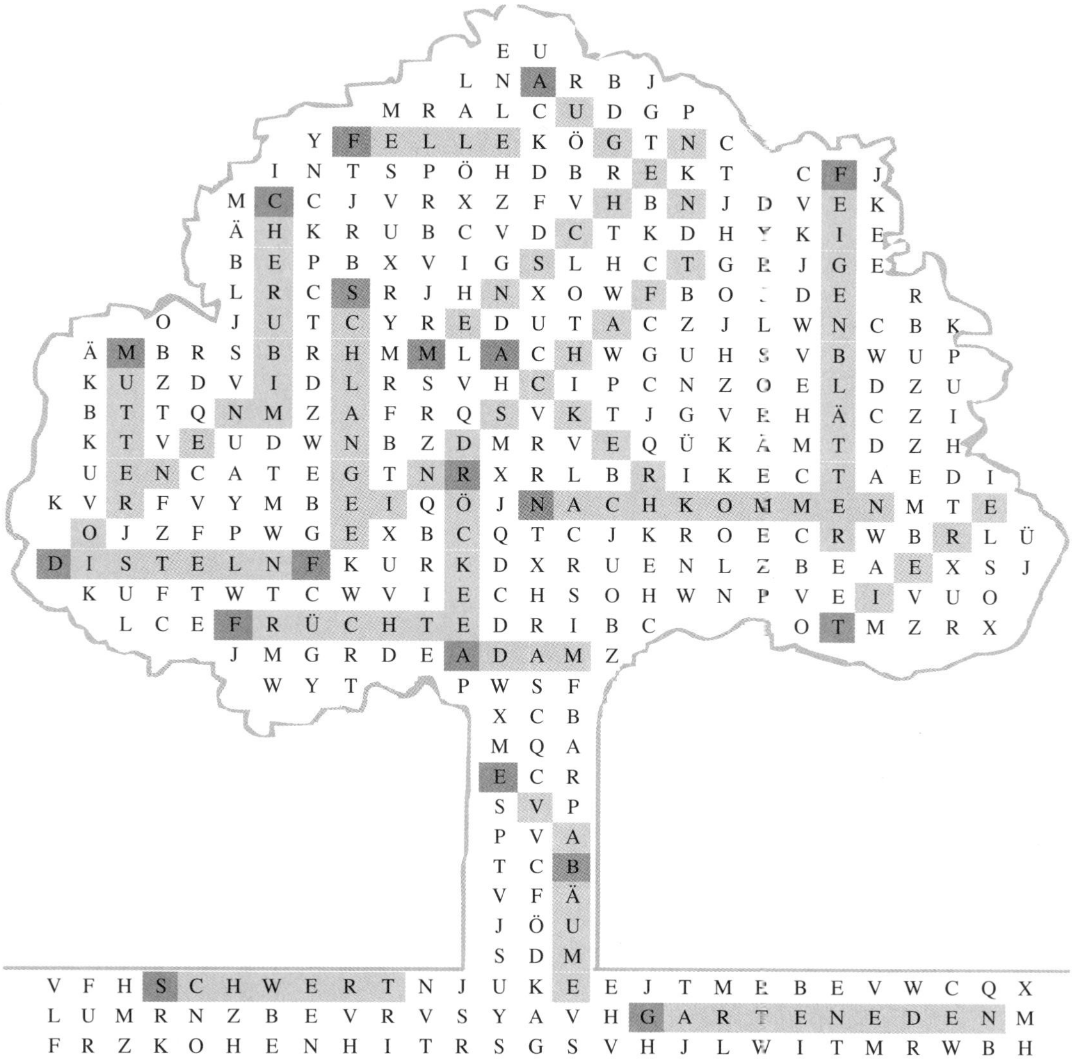

Die Schöpfung als Werk Gottes (S. 15)

1 Garten Eden
2 Sonne
3 Licht
4 Sterne
5 Finsternis
6 Menschen
7 Himmel
8 Ruhetag
9 Pflanzen
10 Adam
11 Eva
12 Mann
13 Baeume
14 Gehilfin
15 Kain
16 Walfische
17 Pischon
18 Euphrat
19 Abel
20 Erkenntnis
21 Schlange
22 Schaefer
23 Roecke
24 Gihon
25 Geschoepfe
26 Feigenblaetter
27 Tigris
28 Ackermann
29 zwei
30 Meer
31 Cherubim
32 Lichter
33 Feldes
34 Nod
35 Genesis

Lösung:
Gott schuf den Menschen nach seinem Bilde.

Albert Schweitzer (S. 18)

Lösungswörter:

1. Kaysersberg, 2. Günsbach, 3. Pfarrer, 4. Jugendzeit, 5. dankbar, 6. helfen, 7. Leid, 8. Not, 9. Tiere, 10. Welt, 11. mittragen, 12. Mülhausen, 13. Geheimnisvolles, 14. Leben, 15. unerklärlich.

Jugendeindrücke (S.19)

4. Seid dankbar in allen Dingen.
5. Tiere dürfen nicht getötet werden.
8. Wir müssen Leid und Not mittragen.

Das Albert-Schweitzer-Quiz (S. 19)

1. Kaysersberg
2. deutsch
3. Günsbach
4. Medizin
5. Lambarene
6. Ogowe
7. Gabun
8. Helene Bresslau
9. Rhena
10. Zwischen Wasser und Urwald
11. Goethepreis
12. Friedensnobelpreis
13. Strassburger Predigten
14. Ehrfurcht vor dem Leben
15. Bach

Lösung: Bleibt Menschen mit eigener Seele.

Noahs Arche (S. 21)

Abraham – Urvater der Christen, Juden und Moslems (S. 22/23)

Zeile 1:	Ur
Zeile 2:	Chaldäa
Zeile 5–6:	Stammvater der Hebräer
Zeile 9:	Sara, Lot
Zeile 10:	Kanaan
Zeile 11:	Nachkommenschaft
Zeile 13:	Altäre, Hungersnot
Zeile 14:	Ägypten
Zeile 16:	Schwester, Pharao
Zeile 21–22:	Sodom und Gomorra
Zeile 23–24:	Königs von Salem
Zeile 26–27:	Melchisedek von Salem
Zeile 30:	Hagar
Zeile 33:	Gerechten der Stadt
Zeile 35:	Salzsäule
Zeile 36:	drei Männer
Zeile 37:	Engel Gottes
Zeile 40:	Sohn
Zeile 41:	Isaak
Zeile 44:	Gehorsam
Zeile 46:	Opfergabe
Zeile 47–48:	Engel des Herrn
Zeile 49:	Widder
Zeile 52:	Islam
Zeile 53:	Bairam
Zeile 56:	Ismael
Zeile 57:	Hebron
Zeile 58:	Palästina
Zeile 60–61:	Vater der Glaubenden

Die Berufung Abrahams (S. 24)

Geh aus deinem Vaterland (...) in ein Land, das ich dir zeigen will. Und ich will dich zum großen Volk machen und will dich segnen und dir einen großen Namen machen. (...) Und in dir sollen gesegnet werden alle Geschlechter auf Erden.

1. Mose 12,1–3

Abraham – Stammvater vieler Völker (S. 25)

senkrecht:

1	Nachkommenschaft
2	Salzsäule
3	Hungersnot
5	zwölf Fürsten
6	Melchisedek
14	zehn
18	Abimelech
20	Esau
22	Völker
24	Jakob
26	Gerechten
33	Jehudit
37	Widder

waagerecht:

4	Hagar
7	Mamre
8	Kanaan
9	Bund
10	Eliëser
11	Rahel
12	Bera
13	Schütze
15	Lot
16	Sodom
17	Ismael
19	Beerscheba
21	Nomade
23	Ketura
25	Chaldäa
27	Laban
28	Sara
29	Isaak
30	Rebekka
31	Terach
32	Pharao
34	Ur
35	Halbbrüder
36	Mesopotamien
38	Erstgeburtrecht

Die zwölf Söhne Jakobs (S. 27)

Ruben, Simeon, Levi, Jud**a**, Issac**h**ar, Sebulon, Jos**e**f, Benjamin, Dan, Naftal**i**, Gad, Asser

Lösungswort: Rahel

Die Geschichte von Josef (S. 28)

1 Israel
2 zwoelf
3 Kanaan
4 Benjamin
5 Ruben
6 Manasse
7 Lieblingssohn
8 Asenat
9 Mundschenk
10 Schafe
11 Sklave
12 Potifar
13 Ismaelitern
14 Aegypten
15 Kleider
16 Silberstuecke
17 Ziegenbocks
18 Baecker
19 Gefaengnis
20 Zafenat-Paneach
21 sieben
22 Getreide
23 Priesters
24 Aehren
25 Ring
26 Hungersnot
27 dreihundert
28 Becher
29 Befehl
30 Viehhirten
31 Dolmetscher
32 Ephraim
33 Simeon
34 zwei Jahre
35 Abraham

Lösung: Sonne, Mond, elf Sterne neigten sich vor mir.

Leben und Wirken von Moses (S. 31)

senkrecht:
1 Tochter des Pharao
3 Pharao
4 Nilufer
5 Sklaverei
6 Zehn Gebote
7 Stechmücken
8 Heuschrecken
9 Stechfliegen
18 Ramses
21 Passafest
22 Zippora
24 Midian
26 Levi

waagrecht:
2 Ägypten
9 Blattern
10 Hagel
11 drei
12 Manna
13 Hebräer
14 Engel
15 Frösche
17 Priester
19 Erstgeburt
20 Aaron
23 Gerschom
25 Finsternis
27 Viehpest
28 Israeliten

W	H	C	M	N	F	K	U	F	X	K	C	Y	M	H	K	Z	S	I	F	J	L	B	S
Ü	K	Ö	K	Q	H	V	A	K	J	O	S	E	F	S	F	S	I	Z	U	L	J	K	R
Ü	O	L	G	J	B	X	C	N	S	F	J	G	A	Q	E	E	L	S	H	G	B	C	N
J	K	U	G	U	T	D	C	Y	A	M	O	U	K	N	P	Ä	B	K	Ö	G	E	Q	I
	J	Ü	N	G	S	T	E	N	D	A	R	P	H	Z	B	R	E	E	Y	S	Q	Z	
	J	V	N	C	Ä	Ü	K	Ö	G	E	N	Ö	K	H	V	X	R	T	J	S	P	L	
	H	D	Q	X	S	L	Z	I	G	H	S	B	D	A	K	P	O	M	V	K	H	S	
	H	F	Y	N	I	L	T	E	S	I	F	L	N	V	S	O	T	D	B	L	J	L	
	C	A	J	M	L	L	Ä	E	E	U	Ü	P	J	M	C	B	V	J	G	A	S	R	
	M	K	L	I	B	U	T	W	S	A	K	L	E	I	D	E	R	G	K	V	O	K	
	R	S	V	X	E	A	Z	S	D	T	L	O	K	I	Z	U	T	Z	R	E	E	R	
	M	B	C	X	R	D	G	J	L	Ä	E	K	H	F	S	Q	E	T	K	N	Ü	P	
	R	W	C	K	N	A	B	E	G	H	N	N	B	C	W	R	E	C	T	Z	F	J	
	J	E	H	Z	E	I	O	P	N	M	H	F	G	S	N	C	Ä	S	H	R	T		
		S	F	J	R	Z	P	T	D	G	V	X	C	I	R	S	I	P	Ü	Ö	K		
		E	C	B	B	K	H	H	G	J	G	S	M	I	K	N	E	C	H	T	E		
		L	S	G	E	U	O	I	A	B	V	A	E	Q	A	Y	R	T	F	X	C		
		L	J	K	C	G	T	F	R	R	J	S	W	A	Ü	E	K	L	I	Z	U		
		S	Z	I	H	J	G	H	D	N	A	U	M	I	D	Z	V	T	C	R	X		
		D	G	H	E	V	C	B	E	O	I	O	K	Ü	D	G	Ü	K	E	Ä	M		
		U	K	D	R	B	C	B	S	E	Ü	L	R	G	B	C	E	D	Ä	L	Ö		
		J	R	D	A	G	E	R	I	H	L	B	B	C	Z	E	I	L	F	S	I		
		I	Q	Z	H	A	U	S	H	A	L	T	E	R	B	E	I	P	D	H			
			V	X	N	G	J	O	K	Z	R	T	D	G	R	L	K	Z	R	V			
			X	A	H	K	Z	U	P	L	H	G	C	T	D	J	T	Z	D	A			
			N	V	G	O	L	D	O	L	H	R	E	D	A	S	Z	I	H	N			
			R	W	I	H	J	L	K	G	V	G	J	E	I	F	L	S	G	I			

Die Berufung von Mose (S. 33)

Ich bin der Gott Abrahams, Isaaks und Jakobs. Ich habe das Elend meines Volkes in Aegypten gesehen. Und ich bin herniedergefahren, dass ich sie errette aus der Aegypterhand und sie herausfuehre in ein Land, darin Milch und Honig fliesst. So geh nun hin, ich will dich zum Pharao senden, damit du mein Volk aus Aegypten fuehrst.
2. Mose 3,6-10

Die zehn Plagen über Ägypten (S. 34)

1. Das Wasser des Nils verwandelte sich in Blut
2. Die Plage mit den Froeschen
3. Die Plage mit den Stechmuecken
4. Die Plage mit den Stechfliegen
5. Tiersterben durch Viehpest
6. Die Plage mit den Blattern
7. Die Plage mit dem Hagel
8. Die Plage mit den Heuschrecken
9. Tagelange undurchdringliche Finsternis
10. Der Tod der Erstgeborenen

Pharaonen im Alten Ägypten (S. 35)

Der Turmbau zu Babel (S. 36)

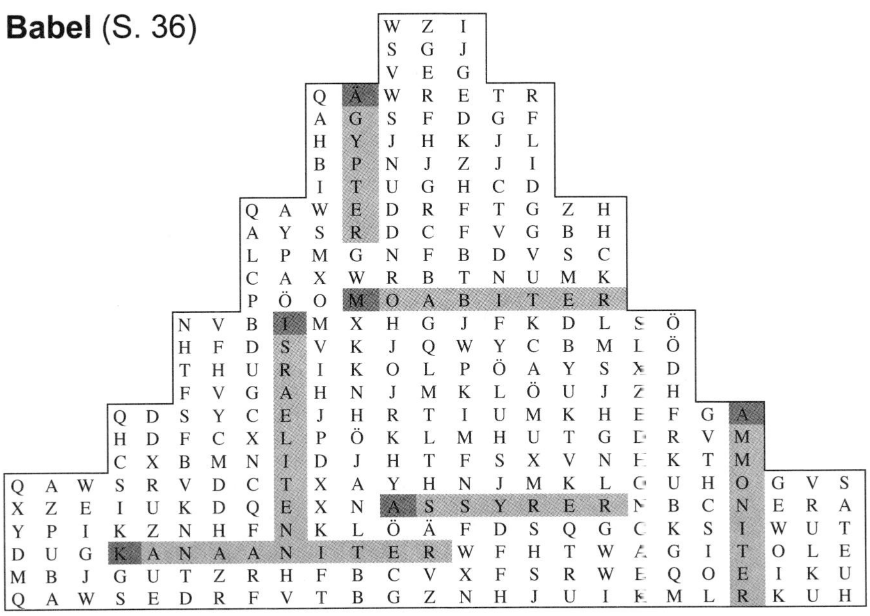

Geschichte und Lebenswelt zur Zeit des Alten und Neuen Testaments (S. 37)

1 Leviten
2 Exo**d**us
3 Phar**i**säer
4 M**a**nna
5 Na**s**iräer
6 A**p**ostelkonzil
7 Zel**o**ten
8 **R**ichter
9 Nom**a**den

Lösung: Diaspora

Lebensweise der alten Israeliten (S. 38)

1 **N**eumond
2 Z**e**lt
3 Trib**u**t
4 **J**och
5 S**a**lz
6 Sc**h**lauch
7 Pe**r**gament
8 **S**ippe
9 **F**eldzeichen
10 Dämon**e**n
11 A**s**yl
12 S**t**einigung

Lösung: Neujahrsfest

Die Könige von Juda und Israel (S. 39)

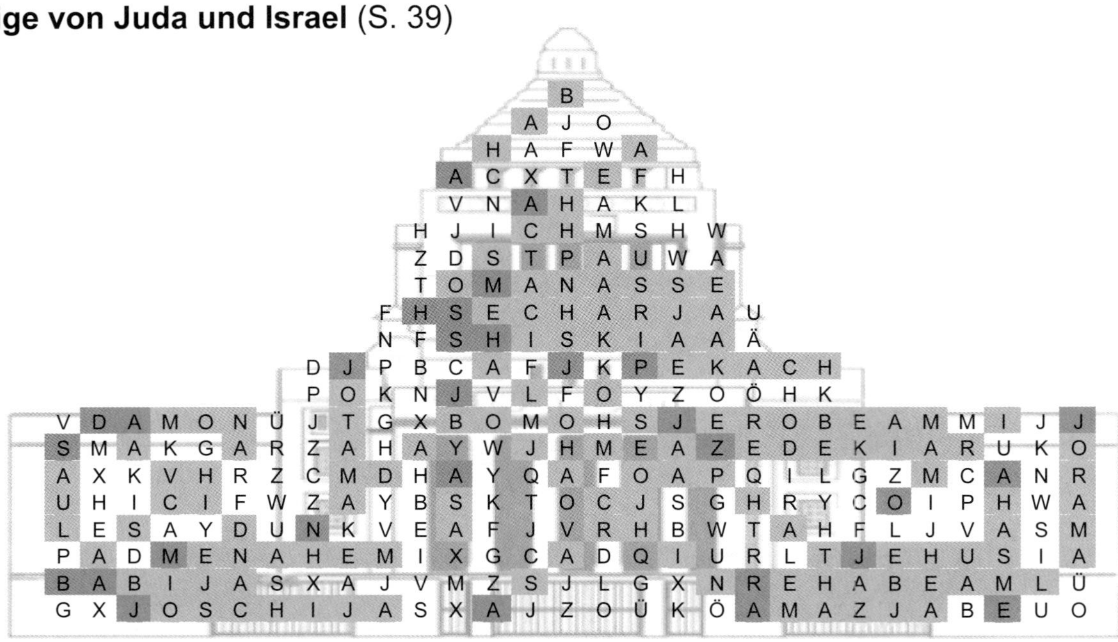

Römische Kaiser (S. 40)

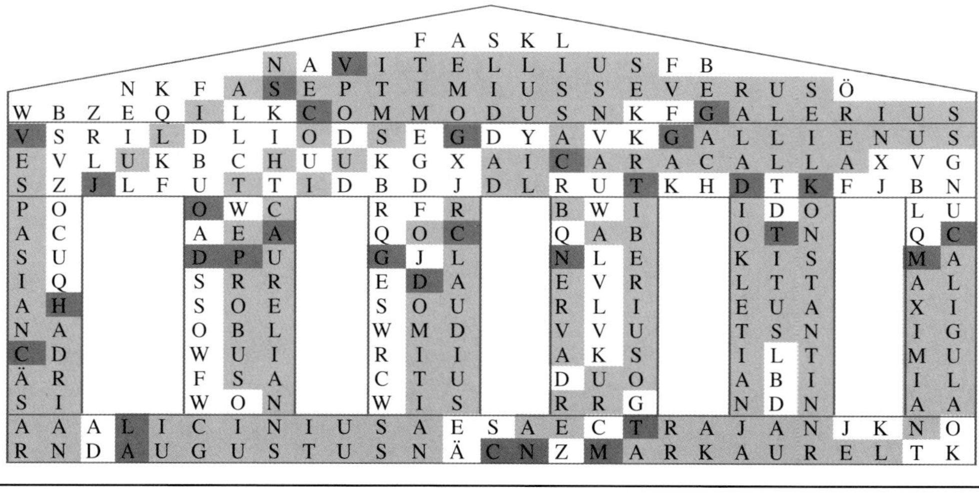

Griechische und römische Götter (S. 41)

waagerecht:

1. Pan
2. Proserpina
4. Moirai
6. Hephaistos
12. Poseidon
13. Erinnyen
14. Furien
15. Minerva
18. Hades
19. Charon
22. Bacchus
25. Merkur
26. Pluto
28. Delphi
29. Parcae
31. Flora
32. Venus
33. Zeus
34. Mars
35. Vesta
38. Vulcanus
39. Olymp

senkrecht:

1. Persephone
3. Asklepios
5. Jupiter
7. Aphrodite
8. Artemis
9. Isis
10. Dionysos
11. Demeter
16. Athene
17. Pax
20. Hermes
21. Neptun
23. Apollon
24. Hera
27. Eirene
28. Diana
30. Ceres
36. Ares
37. Juno

Prophet – Kritiker der Mächtigen, Anwalt der Armen (S. 43/44)

1.

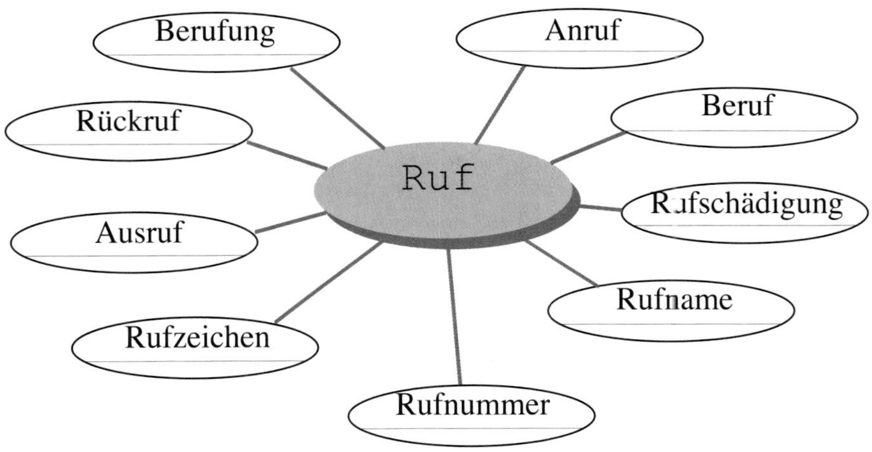

2.

Propheten	Abkürzung	Anzahl der Kapitel	Propheten	Abkürzung	Anzahl der Kapitel
Jesaja	Jes	66	Jona	Jona	4
Jeremia	Jer	52	Micha	Mi	7
Hesekiel	Hes	48	Nahum	Nah	3
Daniel	Dan	12	Habakuk	Hab	3
Hosea	Hos	14	Zefanja	Zef	3
Joel	Joel	4	Haggai	Hag	2
Amos	Am	9	Sacharja	Sach	14
Obadja	Obd	1	Maleachi	Mal	3

3.

Betrug, Unterdrueckung, Bestechung, Diebstahl, Meineid, Tieropfer, Goetzenverehrung

Wie heißen die Propheten? (S. 45)

B	K	U	W	X	K	Q	R	M	A	H	T	W	X	Z	U	A	L	M	N	K
A	C	D	K	W	U	R	T	W	X	Z	K	U	W	Q	J	E	T	H	A	F
K	D	S	A	F	E	L	M	O	P	N	V	X	Q	N	S	R	L	O	Y	G
A	P	A	R	N	K	L	Ö	B	V	W	M	T	A	A	J	I	R	A	U	F
B	Z	C	Z	T	I	W	Z	A	F	A	N	F	A	G	Z	Ö	I	Z	A	L
C	U	H	O	R	T	E	L	D	Q	E	E	J	S	F	T	M	K	U	X	Z
T	W	A	M	E	A	P	L	J	V	Z	K	O	Q	W	E	O	Y	W	K	U
K	J	R	K	U	O	L	W	A	F	F	N	E	A	R	S	E	K	E	A	S
L	E	J	B	H	A	G	G	A	I	D	M	L	E	Q	W	Ö	X	B	W	C
W	S	A	L	S	P	G	Q	Q	X	Ö	Z	J	V	Z	L	M	O	F	T	R
P	A	N	A	H	U	M	A	H	L	P	R	F	Z	I	O	A	D	P	Z	A
B	J	A	W	Q	W	H	D	J	K	O	W	J	O	N	A	L	P	Y	Q	R
S	A	O	S	E	F	O	C	H	A	B	A	K	U	K	G	E	Q	W	H	J
A	T	Z	A	K	V	S	B	S	H	A	Q	V	I	G	T	A	R	K	W	X
W	U	G	M	G	G	E	M	D	M	G	Z	R	K	M	J	C	M	X	Z	U
Q	K	F	O	H	Z	A	M	I	C	H	A	E	L	N	N	H	R	E	T	S
R	L	X	S	N	J	S	Ö	T	E	B	P	U	A	F	W	I	V	G	F	Z
K	M	F	M	U	K	Z	L	M	T	U	R	S	X	H	G	T	H	B	J	T
W	U	R	S	K	T	X	Q	W	C	H	E	S	E	K	I	E	L	U	X	Y
S	M	Q	W	A	P	Z	W	R	T	A	O	P	F	W	R	E	K	R	T	U
O	S	K	F	V	B	S	T	H	A	K	W	U	K	G	Z	U	L	Z	Y	B

Welcher Prophet war es? (S. 46)

1. Jeremia
2. Jesaja
3. Hesekiel
4. Elia
5. Debora
6. Amos
7. Jona
8. Jeremia
9. Amos
10. Hesekiel
11. Haggai und Sacharja
12. Obadja
13. Daniel
14. Nathan
15. Jeremia
16. Hesekiel
17. Hosea
18. Amos
19. Maleachi
20. Jeremia

Der Prophet Jona (S. 47)

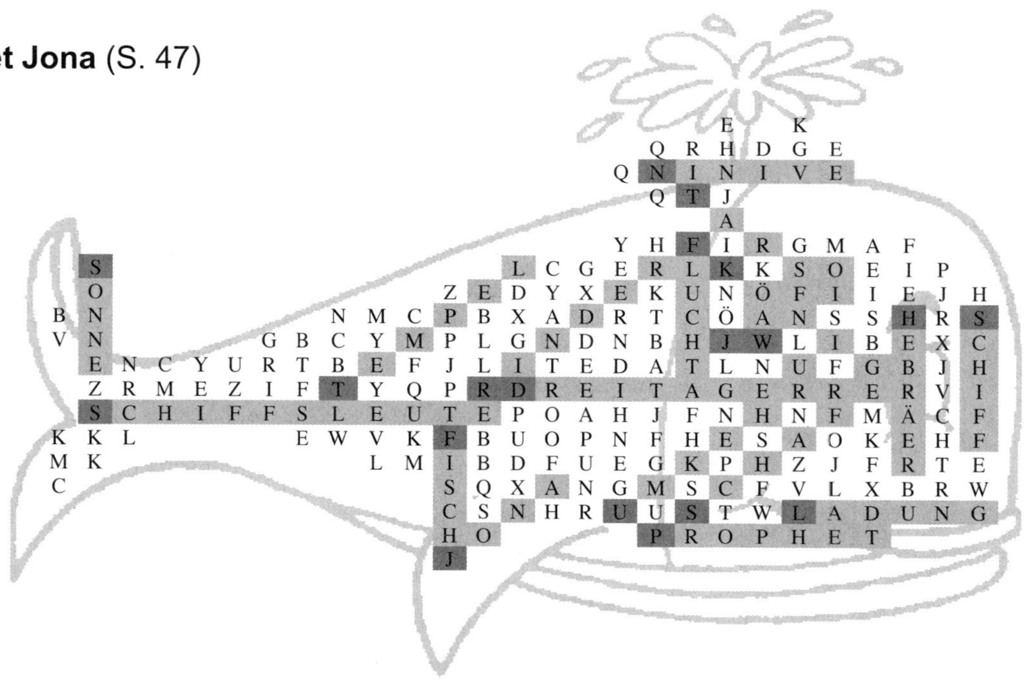

Buchstabenkolonne: Es sind noch vierzig Tage, dann wird Ninive zerstört werden.

Jona erhält einen Auftrag (S. 48)

1	Amittais	18	Thron
2	Tarsis	19	Angst
3	Schiff	20	verzieh
4	Fisch	21	zornig
5	drei	22	östlich
6	Israel	23	verdorrte
7	Schafe	24	Hütte
8	Furcht	25	Purpur
9	Ladung	26	Schatten
10	Sturm	27	Staude
11	Opfer	28	predigte
12	vierzig	29	Wurm
13	betete	30	freute
14	mich	31	Gnade
15	Land	32	Gericht
16	fasten	33	Gehorsam
17	Sack	34	Hebräer

Lösung: Mach dich auf, geh nach Ninive und predige.

Der historische Jesus (S. 50–52)

Zeile 1–2:	Leben-Jesu-Geschichten
Zeile 4:	Lebenszeit
Zeile 6:	Markusevangelium
Zeile 7–8:	Johannesevangelium
Zeile 12–13:	Flavius Josephus
Zeile 14:	Tacitus, Plinius, Sueton
Zeile 15–16:	Pontius Pilatus
Zeile 17–18:	Bethlehem
Zeile 20:	Nazareth
Zeile 24:	Jude
Zeile 25:	Jahwe hilft
Zeile 26:	Zimmermann
Zeile 29:	aramäisch
Zeile 29–30:	hebräische
Zeile 31:	Griechischen
Zeile 34:	Orientalen
Zeile 36:	Johannes des Täufers
Zeile 39:	Mose
Zeile 42:	Berufungserlebnis
Zeile 45:	Kapernaum
Zeile 46:	See Genezareth
Zeile 47–48:	Gottesreiches
Zeile 48:	Nächstenliebe
Zeile 50–51:	Strafgericht Gottes
Zeile 52:	Verachteten
Zeile 54:	Zöllnern
Zeile 55:	Aussätzigen
Zeile 56:	Krankenheilungen
Zeile 57:	Sabbatgebot
Zeile 59:	Rechtgläubigkeit
Zeile 61:	Liebesgebot
Zeile 62:	ein Jahr
Zeile 67:	7. April 30
Zeile 68–69:	römische Anweisung
Zeile 72–73:	politischer Vorwurf
Zeile 76:	Ereignis
Zeile 76–77:	Geschichte der Christen

Das Leben Jesu (S. 53)

1	Apostel	14	Evangelium
2	Herodes	15	Lazarus
3	Nazareth	16	Nächstenliebe
4	Maria	17	Gleichnissen
5	Zimmermann	18	Fischer
6	Johannes der Täufer	19	Zacharias
7	aramäisch	20	Zeichen
8	Petrus	21	zwölf
9	Kapernaum	22	Reich Gottes
10	Jerusalem	23	Sabbat
11	Paulus	24	Messias
12	Judäa	25	Kana

27	Judas
28	Thomas
29	Dornenkrone
30	Pontius Pilatus
31	Juden
32	Christentum

Lösung:
Pharisäer, Sadduzäer, Zeloten, Essener

Jesus von Nazareth (S. 55)

1.	Bethlehem	14.	Vaterunser	27.	Evangelisten
2.	Betesda	15.	Gleichnissen	28.	verlorenen Sohn
3.	Kaiphas	16.	Reich Gottes	29.	Abendmahl
4.	Hauptmann zu Kapernaum	17.	Zachäus	30.	Propheten
5.	Gethsemane	18.	Aussatz	31.	Palästina
6.	Ägypten	19.	Schwiegermutter	32.	Tempel von Jerusalem
7.	drei	20.	Golgatha	33.	Lukas
8.	Johannes	21.	Wunder	34.	Gesalbter
9.	Krankheit	22.	fünftausend	35.	sechs
10.	Petrus	23.	Emmausjünger	36.	Kuss
11.	Sabbat	24.	Synagoge	37.	Betanien
12.	Pharisäer	25.	Johanna	38.	Judentum
13.	Botschaft	26.	Menschensohn	39.	Rabbi

Die Jünger Jesu (S. 57)

1	Thomas	5	Petrus	9	Judas
2	Philippus	6	Andreas	10	Jakobus
3	Johannes	7	Matthäus	11	Bartholomäus
4	Thaddäus	8	Simon	12	Jakobus

Die Gleichnisse Jesu (S. 58)

1. Das Gleichnis vom großen Abendmahl (Lk 14,15-24)
2. Das Gleichnis vom bittenden Freund (Lk 11,5-8)
3. Das Gleichnis vom Wachsen der Saat (Mk 4,26-29)
4. Das Gleichnis von der Vergebung (Mt 18,23-35)
5. Das Gleichnis vom Sauerteig (Lk 13,20-21)
6. Das Gleichnis vom Unkraut unter dem Weizen (Mt 13,24-30)
7. Das Gleichnis vom barmherzigen Samariter (Lk 10,25-37)
8. Das Gleichnis von den anvertrauten Pfunden (Lk 19,11-27)
9. Das Gleichnis von der königlichen Hochzeit (Mt 22,1-14)
10. Das Gleichnis vom Fischnetz (Mt 13,47-50)
11. Das Gleichnis von den ungleichen Söhnen (Mt 21,28-32)
12. Das Gleichnis vom verlorenen Schaf (Mt 18,12-14)
13. Das Gleichnis von den Arbeitern im Weinberg (Mt 20,1-16)
14. Das Gleichnis vom Sämann (Mt 13,1-9)
15. Das Gleichnis von den bösen Weingärtnern (Mk 12,1-12)
16. Das Gleichnis vom treuen und vom bösen Knecht (Mt 24,45-51)
17. Das Gleichnis von den klugen und törichten Jungfrauen (Mt 25,1-13)
18. Das Gleichnis vom verlorenen Sohn (Lk 15,11-32)
19. Das Gleichnis vom reichen Kornbauern (Lk 12,16-21)
20. Das Gleichnis vom Senfkorn (Mt 13,31-32)

Wortsuchrätsel über die Gleichnisse Jesu (S. 59)

J	L	N	V	T	D	G	N	U	B	E	G	R	E	V	P	E	D	H	Ö	Ü	U	N	Z	V	E
N	F	Z	D	I	F	P	V	E	R	L	O	R	E	N	E	N	S	O	H	N	M	V	H	S	R
E	R	S	Y	O	L	J	K	E	I	Z	J	G	H	N	C	G	L	J	K	E	Z	G	Ä	K	T
U	U	I	F	X	N	N	E	D	N	U	F	P	N	E	T	U	A	R	T	R	E	V	N	A	I
A	K	Ö	N	I	G	L	I	C	H	E	N	H	O	C	H	Z	E	I	T	M	R	H	P	P	U
R	T	N	C	D	U	K	H	N	V	X	C	S	H	Z	E	F	S	K	L	Ä	P	I	H	N	Z
F	R	B	Ö	S	E	N	W	E	I	N	G	Ä	R	T	N	E	R	N	M	T	N	C	I	K	N
G	E	V	B	A	R	M	H	E	R	Z	I	G	E	N	S	A	M	A	R	I	T	E	R	E	T
N	U	V	J	U	G	O	L	U	I	K	H	R	Z	G	D	I	P	Ü	L	Ö	J	K	Z	B	V
U	E	A	R	B	E	I	T	E	R	N	I	M	W	E	I	N	B	E	R	G	N	I	N	B	C
J	N	X	D	T	S	D	K	U	G	J	Ä	P	J	K	Ö	N	M	G	U	E	E	B	G	D	H
N	U	I	H	A	K	E	N	V	C	D	W	A	D	X	Y	R	N	I	U	W	Ü	I	K	U	R
E	N	T	B	A	S	Y	N	K	U	Z	R	G	D	F	X	E	O	M	M	T	F	T	B	A	T
T	D	M	T	S	K	T	L	F	D	Y	F	B	H	K	N	U	R	E	Z	R	F	T	D	Z	W
H	B	U	T	R	V	Ä	N	R	K	N	Y	Q	A	H	I	M	D	E	N	E	B	E	V	R	E
C	Ö	X	W	E	E	V	R	T	A	O	T	H	Ö	G	G	R	K	R	G	I	V	N	G	E	E
I	S	F	E	D	U	H	F	G	K	E	R	S	U	M	E	P	Ö	E	L	C	Ä	D	Z	K	R
R	E	K	H	N	F	H	D	H	W	T	N	N	A	T	T	F	S	F	J	H	Z	E	V	Z	E
Ö	N	N	F	E	G	Z	J	G	R	E	R	J	N	F	I	J	G	G	R	E	T	N	X	A	R
T	K	D	G	S	Z	H	L	J	H	J	A	U	T	S	D	A	S	F	B	N	H	F	K	N	T
D	N	I	T	H	D	R	G	C	K	H	T	L	C	I	K	H	J	G	S	K	T	R	Z	E	I
N	E	G	D	C	F	C	I	M	E	U	S	H	H	J	N	V	B	G	T	O	S	E	D	N	I
U	C	Ä	L	A	L	E	O	A	A	Ö	N	A	O	C	N	V	B	W	H	R	Z	U	Ü	N	A
N	H	G	R	W	L	U	J	R	U	E	W	N	U	D	C	F	G	R	J	N	B	N	F	A	D
E	T	G	J	G	Ü	O	K	R	T	L	F	G	X	E	N	C	K	I	I	B	U	D	Z	M	E
G	N	F	N	G	Z	N	L	Z	I	T	U	Z	H	F	R	C	S	I	K	A	Z	R	T	Ä	J
U	R	U	C	B	U	X	C	W	T	I	L	P	Ä	J	F	T	B	C	S	U	E	Z	H	S	J
L	C	F	A	H	C	S	N	E	N	E	R	O	L	R	E	V	E	E	F	E	H	G	F	I	H
K	H	H	J	G	D	Ü	K	O	Z	U	Y	Q	A	F	R	S	D	I	K	R	B	N	C	V	G
D	T	P	G	R	O	ß	E	N	A	B	E	N	D	M	A	H	L	F	G	N	Y	C	N	G	H

Die Wunder Jesu (S. 60)

Heilungswunder	Dämonenbannungen	Naturwunder	Totenerweckungen
Heilung der Schwiegermutter des Simon	Bannung des Daemonen in der Synagoge von Kapernaum	Der reiche Fischfang	Die Tochter des Jairus
Heilung eines Blindgeborenen		Der Seewandel Jesu	Der junge Mann aus Nain
Heilung des besessenen Geraseners		Die Stillung des Sturmes	
		Die Speisung der Fünftausend	

Was für Jesus besonders wichtig war (S. 61)

Drei Standpunkte, die **nicht** zum Leben Jesu passen:
grundsätzlich keine Nachteile in Kauf nehmen; die Menschen drängen, alle Gesetze einzuhalten; mit Gesetzeslehrern und Priestern auf guten Kontakt besonderen Wert legen

Jesu Gebot (S. 62)

Ein neues Gebot gebe ich euch, dass ihr euch untereinander liebet, wie ich euch geliebt habe. Daran wird jedermann erkennen, dass ihr meine Juenger seid, wenn ihr Liebe untereinander habt.
Johannes 13,34-35

Zentrale Aussagen Jesu (S. 63)

Ich bin gekommen für die Sünder, nicht für die Gerechten; Ich bin der wahre Weinstock; Ich bin im Vater und der Vater ist in mir; Ich bin die Tür, wer durch mich geht, wird gerettet; Ich bin der Weg, die Wahrheit und das Leben; Ich bin die Auferstehung und das Leben; Ich bin das Licht der Welt; Ich bin das Brot des Lebens; Ich bin bei euch alle Tage bis ans Ende; Ich bin der gute Hirte; Ihr seid in mir und ich bin in euch.

Jesu Gefangennahme (S. 65)

L	N	B	R	S	L	U	A	W	L	J	V	K	F	D	J	S	I	M	O	N	A
J	H	R	O	J	Ü	N	G	E	R	Y	J	I	D	O	L	G	V	Q	J	I	P
G	F	Y	M	V	O	E	U	S	L	F	K	D	J	D	L	V	N	G	E	R	U
P	K	Q	Y	S	V	T	B	U	M	O	L	R	O	U	G	J	V	N	S	T	S
F	X	V	F	Z	S	G	Q	A	Y	M	L	O	Z	R	W	X	V	N	U	K	H
F	S	E	A	P	E	T	R	U	S	I	K	N	L	P	I	Z	R	W	S	Y	C
B	M	K	C	J	G	A	R	T	E	N	K	G	A	A	H	A	E	M	S	N	E
T	F	C	K	M	R	E	S	Y	A	W	Q	Y	C	B	M	L	K	H	G	D	H
Q	W	R	E	R	I	P	P	M	I	P	H	A	R	I	S	Ä	E	R	E	Y	O
W	E	S	L	Y	T	F	C	X	V	B	H	U	Z	T	D	G	J	L	K	O	H
J	N	B	N	S	Z	G	V	F	H	Z	R	E	K	O	P	I	Z	R	W	E	E
D	G	J	K	Ö	M	B	C	X	D	C	G	B	L	A	M	P	E	N	D	Ö	N
A	W	X	V	C	M	O	W	I	B	U	V	Z	T	C	X	R	G	F	S	A	P
U	I	H	F	D	Q	I	A	O	M	K	H	G	B	H	N	J	M	K	B	C	R
K	E	L	C	H	H	B	F	C	F	G	H	J	K	L	Ö	Ä	H	C	F	H	I
Z	H	G	S	X	W	U	F	K	J	B	G	V	B	H	I	D	K	U	T	G	E
X	D	A	S	Z	G	D	E	Z	N	L	S	C	H	W	E	R	T	I	H	J	S
T	U	Z	F	H	V	X	N	E	A	S	S	E	P	L	M	K	N	I	G	U	T
T	A	R	Y	F	X	G	V	J	B	K	O	N	L	M	B	C	Y	A	D	G	E
L	A	P	I	Z	R	W	B	S	E	F	L	G	V	Y	C	V	H	K	J	G	R
D	E	A	P	I	Z	T	E	E	Q	L	D	J	Z	G	V	D	J	U	D	A	S
O	E	J	G	F	S	A	W	Q	T	U	A	K	M	B	U	V	Z	D	G	R	Z
E	N	W	O	I	L	Q	A	V	G	J	T	I	Z	T	A	S	P	L	K	K	O
J	E	M	A	L	C	H	U	S	C	N	E	J	G	I	U	M	N	Z	T	G	H
X	R	V	T	O	L	M	U	H	R	U	N	Ö	P	H	A	Q	V	N	H	F	R

Petrus verleugnet Jesus (S. 66)

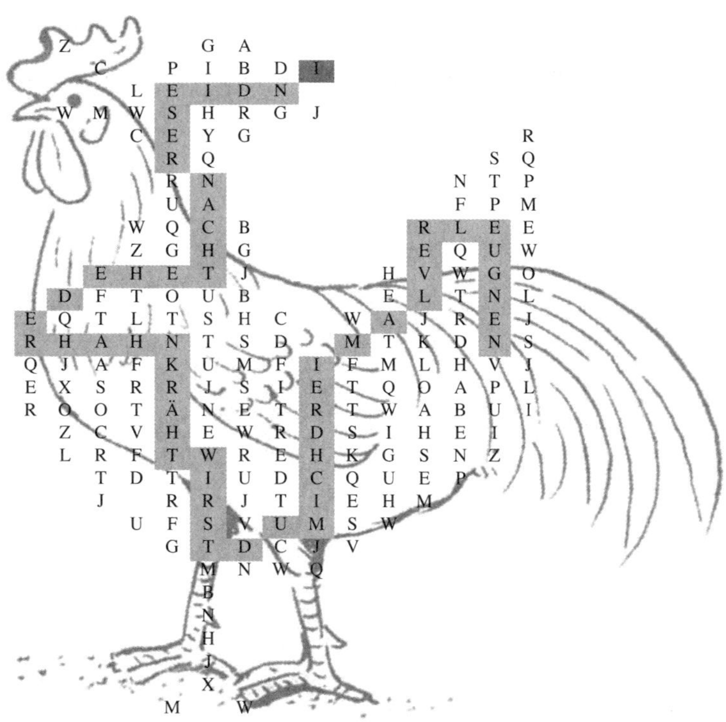

Der Missionsauftrag (S. 67)

Darum gehet hin und machet zu Juengern alle Voelker: Taufet sie auf den Namen des Vaters und des Sohnes und des Heiligen Geistes und lehret sie halten alles, was ich euch befohlen habe. Und siehe ich bin bei euch alle Tage bis an der Welt Ende.

Matthaeus 28,19-20

Der Apostel Paulus (S. 68/69)

Zeile 1: Gesandter
Zeile 5: Tarsus
Zeile 6–7: Zeitrechnung
Zeile 10: griechisch
Zeile 12: Zeltmacher
Zeile 14: Missionsreisen, römische
Zeile 15: Schule
Zeile 16: Pharisäern
Zeile 17: Christen
Zeile 19: Nachfolger
Zeile 20: Saulus
Zeile 24: Gemeinden
Zeile 26: Briefe
Zeile 27: sechs
Zeile 28–29: Thessalonicherbrief
Zeile 29: Korinther
Zeile 30: Philemonbrief
Zeile 31: Gottesdienst
Zeile 33: Römerbrief
Zeile 34: Korinth
Zeile 37: Evangelium
Zeile 41: Ephesus
Zeile 42: Philippi
Zeile 45: Korinth
Zeile 51: Ägäis
Zeile 54: Gefängnis
Zeile 55: Schiffbruch
Zeile 60: Eingottglaube
Zeile 63: Nero

Paulus und sein gesellschaftliches Umfeld (S. 70)

1	2	3	4	5	6	7	8	9	10	11	12	13	14	15	16	17	18	19
			M															
			I								H							
			S								E							
			S								I							
			I								D	G						
			O							Z	E	E						
	G		N							E	N	S						
	R		S	R				K		L	B	A	R					
	I	J	R	Ö		S		O	C	T	E	N	Ö					
	E	U	E	M	P	A	T	R	H	M	K	D	M	H				
	C	D	I	I	H	U	H	I	R	A	E	T	E	E			N	
T	H	E	S	S	A	L	O	N	I	C	H	E	R	B	R	I	E	F
A	I	N	E	C	R	U	R	T	S	H	R	R	B	R	O	S	R	I
R	S	T	N	H	I	S	A	H	T	E	U		R	Ä	M	R	O	S
S	C	U			S				E	R	N		I	I		A		C
U	H	M			Ä				N		G		E	S		E		H
S					E								F	C		L		
					R									H				

Die Briefe des Apostel Paulus (S. 71)

T	D	G	T	F	P	H	I	L	E	M	O	N	B	R	I	E	F	F	Y	K	J	F
O	Q	L	J	T	E	H	I	L	E	M	O	N	B	R	F	E	F	E	G	D	U	K
Ö	H	Ö	X	V	A	I	Z	U	D	H	B	F	E	G	E	S	D	I	M	B	L	J
Y	Z	R	L	G	D	Y	R	W	D	G	E	G	J	L	I	D	E	R	G	T	C	K
N	E	F	A	Y	S	J	V	B	X	I	J	Z	R	D	R	V	F	B	W	F	Q	J
E	W	J	K	H	T	A	T	U	R	L	T	J	K	F	B	E	O	R	Z	M	C	Y
F	M	D	U	V	T	J	L	B	H	E	F	B	S	F	R	N	B	E	K	M	V	A
R	B	T	L	E	F	X	R	S	G	F	M	N	H	G	E	G	W	H	O	M	N	D
H	T	Q	J	E	H	E	E	H	T	E	W	Ö	F	E	P	R	H	T	U	T	D	H
U	K	Z	Y	J	T	G	D	T	R	J	Z	N	R	G	P	Z	R	N	B	V	D	Z
H	E	F	T	A	U	Z	E	G	L	Ö	Ä	T	H	R	I	G	F	I	H	E	H	G
C	X	K	L	F	Ä	Y	U	T	W	Z	O	I	L	O	L	T	U	R	G	W	T	E
K	G	A	R	L	V	Z	G	E	Q	W	V	B	G	R	I	S	F	O	K	R	H	E
K	G	M	D	Q	E	T	M	B	C	J	E	P	L	H	H	R	H	K	V	X	R	U
I	H	L	T	T	E	H	D	H	G	H	D	V	S	G	P	H	Z	R	T	I	B	R
T	H	E	S	S	A	L	O	N	I	C	H	E	R	B	R	I	E	F	H	I	R	D

Buchstabenkolonne

Lösung: Gnade sei mit euch und Friede von Gott, unserem Vater und dem Herrn Jesus Christus.

Die Reisen des Apostel Paulus (S. 72)

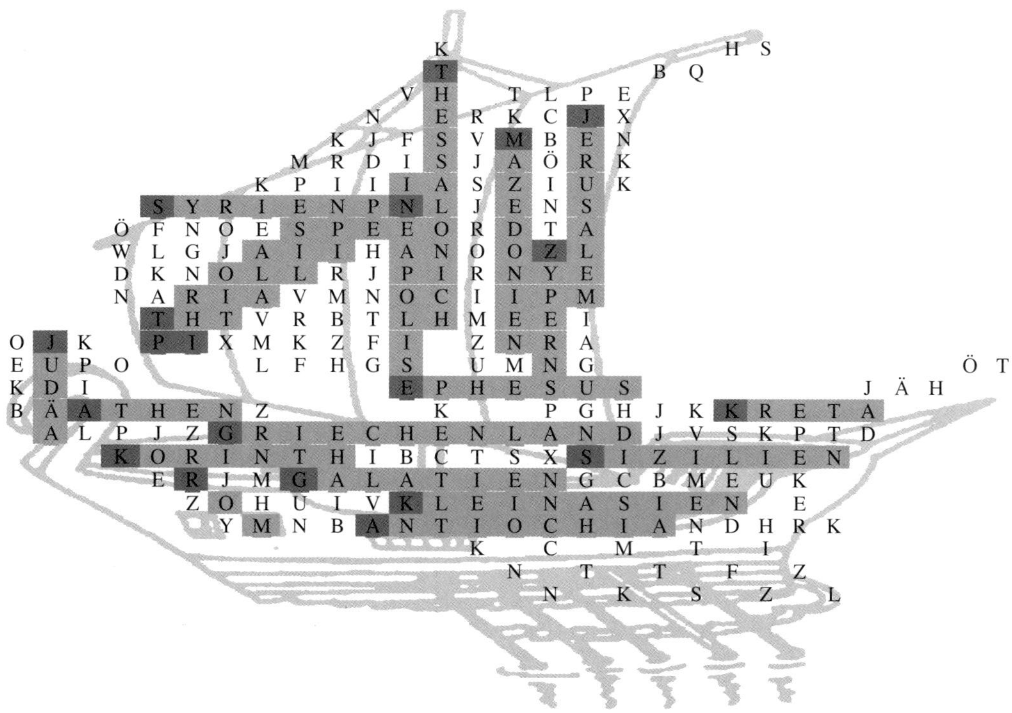

Aussagen des Apostel Paulus (S. 73)

Denn ich schäme mich des Evangeliums nicht; denn es ist eine Kraft Gottes, die selig macht alle, die daran glauben, die Juden zuerst und ebenso die Griechen. Denn darin wird offenbart die Gerechtigkeit, die vor Gott gilt, welche kommt aus Glauben in Glauben, wie geschrieben steht: „Der Gerechte wird aus Glauben leben."

Roemer 1,16-17

Nun aber bleiben Glaube, Hoffnung, Liebe, diese drei; aber die Liebe ist die größte unter ihnen.

1. Korinther 13,13

Martin Luthers Kindheit und Schulzeit (S. 74)

Zeile 2:	Hans, Margarete, Eisleben
Zeile 3:	neun
Zeile 4:	Hüttenmeister
Zeile 6:	Lateinschule
Zeile 8:	deutsch
Zeile 10:	Esel
Zeile 13:	Brüder vom gemeinsamen Leben
Zeile 15:	bettelte, sang
Zeile 16:	Eisenach, Pfarrschule
Zeile 17:	Jurastudium
Zeile 18:	Erfurt
Zeile 21:	Stotternheim
Zeile 22:	Gewitter
Zeile 23:	Heiligen Anna
Zeile 24:	Bergleute
Zeile 25–26:	Augustiner-Eremiten-Kloster
Zeile 27:	Weltenrichter
Zeile 29:	Pest

Martin Luther als Mönch und Professor (S. 75)

Zeile 1:	Bettelorden
Zeile 4–5:	Stundengebet
Zeile 5:	Gehorsam
Zeile 6:	Besitzlosigkeit
Zeile 6–7:	Keuschheit
Zeile 8–9:	Priesterweihe
Zeile 9–10:	Theologiestudium
Zeile 12:	Rom
Zeile 13–14:	katholischen Kirche
Zeile 16–17:	Abendmahls
Zeile 18:	Wittenberg
Zeile 18–19:	Doktor der Theologie
Zeile 19:	Bibelprofessur
Zeile 20–21:	geistige Erkenntnis
Zeile 22:	Römerbriefes
Zeile 23:	Gnade Gottes
Zeile 23–24:	gute Werke

Ablasshandel, Bannfluch und Bauernkrieg (S. 76/77)

Zeile 1:	Prediger
Zeile 3–4:	Seelenheil
Zeile 7–8:	Ablassbriefen
Zeile 9–10:	zeitlicher Sündenstrafen
Zeile 11:	Johann Tetzel
Zeile 16:	Fegefeuers
Zeile 18–19:	Zukunft
Zeile 23:	95 Thesen
Zeile 24:	Ablasshandels
Zeile 25:	Schlosskirche
Zeile 26:	Wittenberg, Kurie
Zeile 27–28:	Ketzerprozess
Zeile 29–30:	Kaisers Maximilian
Zeile 30:	Karls V.
Zeile 32–33:	Bannandrohung
Zeile 35:	Bulle
Zeile 36:	Bannfluch
Zeile 38:	Fürsten
Zeile 40:	Reichspolitik
Zeile 41–42:	Reichstag nach Worms
Zeile 42–43:	freies Geleit
Zeile 44:	Friedrich der Weise
Zeile 45:	Wartburg
Zeile 46:	Junker Jörg
Zeile 48–49:	Psalmen
Zeile 50:	deutschen Predigten
Zeile 51–52:	Neuen Testaments
Zeile 52:	Griechischen
Zeile 53–54:	Thomas Müntzer
Zeile 54:	Priester
Zeile 55:	Bauernerhebungen
Zeile 56–57:	gerechtere wirtschaftliche Verhältnisse
Zeile 61:	Ablehnung
Zeile 63–64:	Schlacht bei Frankenhausen
Zeile 66:	Katharina von Bora

Martin Luther und die Reformation (S. 78)

1	Junker Jörg	13	Universität	25	Theologie
2	Katharina	14	Eisleben	26	Richter
3	Gehorsam	15	Erfurt	27	Bibel
4	Römerbrief	16	Nonne	28	Weise
5	Anna	17	Wittenberg	29	Zwingli
6	Müntzer	18	Rom	30	sechs
7	Worms	19	Melanchthon	31	Bibelkunde
8	Paulus	20	Karl V.	32	Staupitz
9	Eisenach	21	Schlosskirche	33	Stotternheim
10	Wartburg	22	Augustiner	34	Ketzerei
11	Tetzel	23	Lateinschule	35	Hüttenmeister
12	Bann	24	Jura		

Schriften von Martin Luther (S. 80)

1. An den christlichen Adel deutscher Nation, 1520
2. Von der babylonischen Gefangenschaft der Kirche, 1520
3. Von der Freiheit eines Christenmenschen, 1520
4. Wider die mordischen und reuberischen Rotten der Bauern, 1525
5. Dass Jesus ein geborener Jude war, 1542
6. Von den Juden und ihren Luegen, 1543

Auf die Frage, wie der sündige Mensch vor Gott bestehen könne, fand Luther drei Antworten:
1. Nur im Glauben an Jesus Christus, den Gekreuzigten
2. Nur im Vertrauen auf die Gnade Gottes
3. Nur im Lesen der Bibel

Modelle von Kirche (S. 81)

1. heiligen – Tradition – Religionsgemeinschaft
2. Pflege – Moral – Kultformen – übernational
3. Gemeinschaft – Getaufte – Heiland – Gebote – Abendmahl
4. Brüdern – Wort – Auftrag – Herrschaft – Zukunft
5. Liebe – Freiheit

Der Aufbau der römisch-katholischen Kirche (S. 83)

1.)
❶ Papst
❷ Kardinäle
❸ Bischöfe
❹ Priester
❺ Mönche
❻ Nonnen
❼ Volk

2.)
5 viele arbeiten handwerklich oder als Lehrer
6 Unterteilung in Franziskanerinnen, Karmeliterinnen u.v.m.
1 Stellvertreter Christi
5 im Kloster lebende Ordensmänner
3 vom Papst ernannte Oberhirten
6 viele arbeiten im sozialen Bereich, in der Landwirtschaft oder im handwerklichen Bereich
1 Nachfolger der Apostel Petrus und Paulus
1 oberster Lehrer, Gesetzgeber und Richter

5 geloben Armut, Treue, Keuschheit und Gehorsam
3 schwören dem Papst absoluten Gehorsam
7 bilden das Kirchenvolk, die „Herde"
6 im Kloster lebende Ordensfrauen
1 Staatsoberhaupt des Vatikanstaates
1 Bischof von Rom
1 Patriarch des Abendlandes
4 vom Bischof geweiht
7 Pflichten: beten, sonntags den Gottesdienst besuchen, regelmäßig zur Beichte gehen
1 oberster Priester und Hirte
1 Unfehlbarkeit seit 1870
5 Unterteilung in Franziskaner, Benediktiner, Kapuziner, Jesuiten u.v.m.
2 vom Papst ernannte oberste Bischöfe
2 wählen seit 1059 den Papst
6 geloben Keuschheit, Gehorsam, Treue und Armut

Der Aufbau der evangelisch-lutherischen Kirche (S. 84)

1.)
❶ Gemeindemitglieder
❷ Kirchenvorstand
❸ Landessynode
❹ Dekanatssynode
❺ Landessynodalausschuss
❻ Landeskirchenrat
❼ Landesbischof

2.)
7 von der Landessynode gewählter/e Pfarrer/in für die ganze Landeskirche
4 Aufgaben: Leitung der Landeskirche, Ordnung des kirchlichen Lebens, kirchliche Finanzverwaltung, Stellungnahme zu aktuellen Fragen und Problemen
6 setzt sich zusammen aus hauptamtlichen Oberkirchenräten
2 Aufgaben: Leitung der Gemeinde
2 besteht aus einem Gremium von Kirchenvorstehern und Pfarrern
3 werden von den Kirchenvorstehern gewählt
4 höchstes kirchenleitendes Organ
5 von der Landessynode gewählt
2 von den Gemeindemitgliedern jeder einzelnen Kirchengemeinde jeweils für 6 Jahre gewählt
6 werden von der Landessynode berufen
7 Vertretung der Kirche gegenüber dem Staat

Die Päpste – Oberhäupter der katholischen Kirche (S. 85–87)

1.)
1. Urban II.
2. Nikolaus IV.
3. Gregor I.
4. Pauschalis II.
5. Gregor VII.
6. Pius X.
7. Paul VI.
8. Johannes Paul I.
9. Martin V.
10. Pius XI.
11. Johannes Paul II.
12. Hadrian IV.
13. Johannes XXIII.
14. Lucius III.
15. Stephan I.
16. Innozenz III.
17. Leo I.
18. Gregor IX.
19. Paul III.
20. Innozenz IV.

2.)

															K													
															S													
														L	G	M												
														N	E	S												
													J	V	X	O	P											
												M	B	H	F	I	I	Ü										
												P	A	U	L	I	I	I										
											B	C	I	I	P	Ä	L	H	N									
											G	I	X	Y	S	Ö	K	I	Z									
										N	I	R	H	Ä	T	O	I	J	X	W								
		M						P		Z	V	I	E	H	E	I	T	D	Ö	K		P			Z			
Ü	K	Ö	G	L	N	D	Z	Q	N	F	I	B	Ä	G	S	D	B	C	Ü	D	G	R	E	G	O	R	I	Ö
N	I	G	S	P	J	L	F	E	W	S	M	H	N	U	O	J	O	H	A	N	N	E	S	P	A	U	L	I
K	N	J	T	O	D	G	Z	M	I	H	Y	A	I	U	J	R	G	V	C	E	J	O	L	H	K	R	Z	F
L	N	O	P	U	V	O	M	L	G	A	K	C	R	F	R	P	I	J	Ü	Z	O	T	D	J	B	S	G	Z
Ü	O	F	K	A	N	U	A	N	R	J	U	P	J	T	H	B	Q	X	V	F	J	G	M	P	U	K	F	H
O	Z	K	N	N	U	H	Z	E	E	L	I	I	W	P	I	O	A	S	N	I	K	O	L	A	U	S	I	V
Q	E	H	I	N	C	L	D	U	G	B	C	U	L	U	P	N	I	N	K	R	I	F	J	G	D	O	L	Ü
A	N	C	Z	S	U	P	V	F	O	Z	I	S	G	L	U	P	V	F	I	D	L	G	I	T	U	B	K	P
W	Z	F	A	I	T	U	F	I	R	D	V	X	Z	T	X	J	P	Ö	H	I	N	W	L	B	J	O	K	I
B	I	P	Q	T	O	H	L	B	V	D	G	I	S	J	O	H	A	N	N	E	S	P	A	U	L	I	I	U
L	V	V	H	R	I	L	G	K	I	G	R	H	D	Ö	I	P	N	G	J	F	E	Z	X	V	S	J	Z	S
S	F	E	U	T	Z	V	D	A	I	J	H	A	D	R	I	A	N	I	V	L	K	B	Q	T	E	X	A	X
L	J	M	J	O	H	A	N	N	E	S	X	X	I	I	I	B	E	Z	O	G	K	S	V	Y	Z	O	D	B
P	H	R	Z	J	G	N	D	H	X	B	W	O	P	Ö	G	S	T	E	P	H	A	N	I	K	F	N	S	V

Unterschiede zwischen der katholischen und evangelischen Kirche (S. 88)

1.)

1. Evangelische Begriffe
Pfarrerinnen – Konfirmation

2. Katholische Begriffe
Papst – ewiges Licht – Firmung – Rosenkranz – sich bekreuzigen – Kommunion – Heiligenverehrung – Beichtstuhl – Weihwasser – Priester – Tabernakel

3. Gemeinsame Begriffe
Christen – Karfreitag – Gründonnerstag – Vaterunser – an Gott glauben – Himmelfahrt – Taufe – an den Heiligen Geist glauben – Glaubensbekenntnis – Bibel – Osterkerze – Kreuz – an Jesus Christus glauben – Advent – Passionszeit – Weihnachten – Gottesdienst – Abendmahl – Ostern – Pfarrer – Pfingsten – Paramente

2.) Erläuterung der einzelnen Begriffe (I):

Abendmahl:	Sakrament, Mahlgemeinschaft mit Jesus
Advent:	Warten auf die Geburt Jesu
Beichtstuhl:	Ort, an dem der Priester die Beichte abnimmt
Bibel:	Heilige Schrift; Altes und Neues Testament
Christen:	Menschen, die an Jesus Christus glauben
Ewiges Licht:	Licht, das am Altar brennt und auf die leibliche Gegenwart Christi in der geweihten Hostie hinweisen soll
Firmung:	Sakrament zur Festigung und Stärkung des Glaubens
Glaubensbekenntnis:	Bekenntnis zu Gott
Gottesdienst:	Feier der Gemeinde
Gründonnerstag:	letztes Abendmahl Jesu mit seinen Jüngern
Heilige:	Fürsprecher, auch Vorbilder
Himmelfahrt:	40 Tage nach Ostern, Erhöhung des auferstandenen Jesus
Karfreitag:	Kreuzigung Jesu
Kommunion:	Teilnahme am Abendmahl

2.) Erläuterung der einzelnen Begriffe (II):

Konfirmation:	Aufnahme jugendlicher evangelischer Christen in die Gemeinschaft der Erwachsenen
Ostern:	Auferstehung Jesu
Osterkerze:	Symbol für die Auferstehung
Papst:	Oberhaupt der katholischen Kirche
Paramente:	Altar- und Kanzeldecken
Passionszeit:	Vorbereitungszeit auf den Karfreitag
Pfarrerinnen:	evangelische Theologinnen, die einer Gemeinde vorstehen
Priester:	katholische Theologen, die einer Gemeinde vorstehen
Rosenkranz:	Perlenkette mit sechs größeren und 53 kleineren Perlen; Abfolge von Gebeten; schmerzensreiche Ereignisse des Lebens Jesu als Gebet
Tabernakel:	Schrank als Aufbewahrungsort für geweihte Hostien
Taufe:	Die Zugehörigkeit zur Kirche bewirkendes/bezeugendes Sakrament Taufbefehl (Mt 28,19)
Vaterunser:	zentrales Gebet für evangelische und katholische Christen
Weihnachten:	Feier der Geburt Jesu
Weihwasser:	unter Zugabe von etwas Salz geweihtes Wasser, das vor Dämonen schützen soll

30 Fragen – 30 Antworten rund um die Kirche (S. 90)

		stimmt	stimmt nicht
1.	Evangelische und katholische Christen beten das gleiche Vaterunser.	X	
2.	Für die Katholiken ist Karfreitag kein Feiertag.		X
3.	Evangelische Pfarrer dürfen nicht heiraten.		X
4.	Katholiken sollten jeden Sonntag den Gottesdienst besuchen	X	
5.	Die evangelische Kirche kennt nur zwei Sakramente.	X	
6.	Der Papst ist das Oberhaupt aller Christen.		X
7.	Frauen dürfen evangelische Landesbischöfin werden.	X	
8.	Das Konzil ist die Versammlung aller Kardinäle unter Vorsitz des Papstes.		X
9.	Das Tabernakel ist der Aufbewahrungsort der Hostien (Oblaten).	X	
10.	Der Katholizismus ist älter als der Protestantismus.	X	
11.	Die evangelische Kirche kennt keine Heiligen.	X	
12.	Die Benediktiner sind der älteste Klosterorden.	X	
13.	Der Papst ist gleichzeitig Bischof von Rom.	X	
14.	Katholische Pfarrer predigen nicht im Gottesdienst.		X
15.	Martin Luther gilt als Begründer der evangelischen Kirche.	X	
16.	Das Glaubensbekenntnis sprechen nur die Katholiken.		X
17.	Die evangelische Kirche kennt keinen Beichtzwang.	X	
18.	Ein Kaplan ist ein Hilfsgeistlicher eines katholischen Pfarrers.	X	
19.	Der Landesbischof ernennt die Kirchenvorstände der Gemeinden.		X
20.	Nur die katholischen Christen bekreuzigen sich.	X	
21.	Katholiken erhalten beim Abendmahl in der Regel keinen Wein.	X	
22.	Der Papst wird von der Gemeinschaft der Katholiken gewählt.		X
23.	Nur Katholiken beten den Rosenkranz.	X	
24.	Für evangelische Christen ist Maria keine Heilige.	X	
25.	Die Ehe ist ein Sakrament in der evangelischen Kirche.		X
26.	Im Katholizismus gibt es neun Sakramente.		X
27.	In Deutschland gibt es zehn Kardinäle.		X
28.	Die Kardinäle werden vom Papst ernannt.		
29.	Die Landessynode ist das höchste kirchenleitende Organ der ev. Kirche.	X	
30.	Die Diözese ist der Amtsbezirk eines Kardinals.		X

Wichtige Daten der Geschichte des Christentums (S. 92)

1. 1521 n. Chr.
2. 132 – 135 n. Chr.
3. 1000 v. Chr.
4. 70 n. Chr.
5. 1096 – 1099 n. Chr.
6. ca. 6 v. Chr.
7. 538 v. Chr.
8. 1509 – 1626 n. Chr.
9. 612 v. Chr.
10. 30 n. Chr.
11. 927 v. Chr.
12. 90 n. Chr.
13. 1517 n. Chr.
14. 54 – 68 n. Chr.
15. 1929 n. Chr.
16. 50 n. Chr.
17. 313 n. Chr.
18. ca. 720 v. Chr.
19. 1483 n. Chr.
20. 325 n. Chr.
21. 64 oder 67 n. Chr.
22. 80 n. Chr.
23. 100 n. Chr.
24. 64 n. Chr.
25. 587/86 v. Chr.
26. 280 – 150 v. Chr.
27. 100 n. Chr.
28. 60/62 n. Chr.
29. 1524/25 n. Chr.
30. 381 n. Chr.

Weihnachten (S. 94)

1. Bethlehem
2. Herodes
3. loben
4. Elias
5. Asser
6. stumm
7. Weihrauch
8. Prophetin
9. Schätzung
10. Morgenland
11. Täufer
12. Engel
13. Juda
14. Jeremia
15. Gabriel
16. Galiläa
17. Josef
18. untadelig
19. Messias
20. Ägypten
21. Nazareth
22. Jesus
23. Elisabeth
24. Heiland
25. Hanna
26. David
27. Johannes
28. Schriftgelehrte
29. Lukas

Lösung:
Er besuchte und erloeste sein Volk

Botschaft des Engels (S. 95)

Q	W	E	E	R	T	Z	U	I	O	P	W	S	Y	X	C	V
A	F	R	H	E	D	U	E	R	F	E	S	S	O	R	G	R
D	Ü	D	E	F	C	D	T	Z	D	C	D	E	B	S	E	F
G	R	W	U	U	E	H	J	E	R	D	G	H	K	T	N	H
T	C	U	T	G	S	E	G	R	E	T	T	E	R	Z	I	S
M	H	Z	E	A	H	B	B	M	D	G	V	S	R	R	E	Q
B	T	T	I	A	E	O	D	H	I	D	C	M	E	N	H	A
N	E	A	S	A	K	R	W	T	H	S	W	K	D	B	C	L
X	T	C	T	S	R	E	N	T	S	F	A	A	S	K	U	P
P	E	R	I	R	Z	C	C	A	D	B	J	M	D	A	E	O
C	U	T	N	N	D	B	N	M	D	H	K	L	I	B	E	F
M	C	N	D	E	R	S	T	A	D	T	D	A	V	L	G	W
K	H	T	K	M	N	B	F	T	E	D	R	U	Z	A	I	H
S	N	I	C	H	T	I	C	H	V	E	R	K	Ü	N	D	U
R	A	S	D	F	G	H	J	K	L	R	W	D	A	R	T	Z

Weihnachtsbräuche in verschiedenen Ländern (S. 95/96)

Italien: Weihnachtsbaum, Krippe, Hexe Befana
Niederlande: Essen, Geschenke, Sinter Klaas, Schimmel
Großbritannien: Father Christmas, Truthahn, Plumpudding
Frankreich: Austern, Gänseleber, Champagner, Cognac, Revuetheater, Père Nöel
Russland: Väterchen Frost, Pferdeschlitten, Schneefrauen, Kaviar, Krimsekt
USA: Santa Claus, Rentierschlitten, Truthahn

Weihnachten in Großbritannien (S. 97)

1	2	3	4	5	6	7	8	9	10	11	12	13	14	15	16	17	18	19	20	21	22	23
															H							
	A								C			S		F	O							
	D				D				H			H		A	L				C			
	V			M	O				R			E		T	Y				H	D		
	E			Y	N				I	J		P	P	H	N				R	E		
S	N		G	R	K	C	C		S	O	M	H	R	E	I		C		I	C		
A	T		O	R	E	R	H		T	S	A	E	A	R	G	P	R		S	E	C	
I	W	I	S	H	Y	O	U	A	M	E	R	R	Y	C	H	R	I	S	T	M	A	S
N	R	N	P			S	R	N	A	P	Y	D		H	T	E	B	T	M	B	N	N
T	E	C	E			S	C	G	S	H		S		R		S		A	A	E	D	O
	A	E	L				H	E						I		E		R	S	R	L	W
	T	N						L						S		N			T		E	
	H	S												T		T			R			
		E												M		S			E			
														A					E			
														S								

Literaturverzeichnis

Bähr, H. W. (Hrsg.): Begegnung mit Albert Schweitzer. München, 1965.

Berg, O./Windeln, O.: Tiere in der Bibel. Religion – Unterrichtsmaterialien, Sekundarstufe I, Heft 4. Aachen, 2000.

Böckermann, G./Hein, W./Wilfart, H.: Das neue Bibel Quiz – 777 knifflige Fragen und überraschende Antworten. Stuttgart, 1996.

Bornkamm, G.: Jesus von Nazareth. Stuttgart, 1995.

Clauss, M.: Geschichte Israels von der Frühzeit bis zur Zerstörung Jerusalems 587 v. Chr. München, 1986.

Deutscher EC-Verband (Hrsg.): Auf heißer Spur. Kassel, o. J.

Dickopf, T.: Rätsel zur Bibel – Kopiervorlagen für Religionsunterricht und Ethik. München, 2000.

Die Bibel des Alten und des Neuen Testaments nach der Übersetzung Martin Luthers. Stuttgart, 1970.

Geiger, U.: Martin Luther und die Reformation. 26 Arbeitsblätter mit didaktisch-methodischen Kommentaren. Sekundarstufe I. Stuttgart, 1995.

Gretenkord, I./Windeln, O. (Hrsg.): Propheten – Sprecher Gottes? Unterrichtsmaterialien Sekundarstufe I, Religion 4/99. Aachen, 1999.

Gretzschel, M. u. a.: Auf Martin Luthers Spuren. Hamburg, 1996.

Hagen, R. M./Hagen, R.: Ägypten – Menschen, Götter, Pharaonen. Köln, 1999.

Hungs, F. J.: Die Propheten der Bibel – Ein Arbeitsbuch für Schule, Erwachsenenbildung und Katechese. Frankfurt a. M., 1986.

Justus, A./Kall, A.: Gottes Schöpfung – Tierisch gut. Aachen, 1997.

King, J. u. a.: Jugendhandbuch – Die Bibel entdecken. Brunnen, 1989.

Lohse, B.: Martin Luther. München, 1982.

Pöhlmann, H. G.: Wer war Jesus von Nazareth? Gütersloh, 1976.

Schilling, M./Schilling, J.: Die Propheten – 28 Arbeitsblätter mit didaktisch–methodischen Kommentaren. Sekundarstufe I. Stuttgart, 1996.

Schweitzer, A.: Aus meinem Leben und Denken. Hamburg, 1975.

Stadler, H.: Päpste und Konzilien – Kirchengeschichte und Weltgeschichte – Personen, Ereignisse, Begriffe (Hermes Handlexikon). Düsseldorf, 1983.

Steffahn, H. (Hrsg.): Albert Schweitzer in Selbstzeugnissen und Bilddokumenten. Reinbek bei Hamburg, 1979.

Steiner, B.: Lexikon der Päpste und des Papsttums. Freiburg i. Br., 2001.

Wailzer, E.: Jesus Christus – Materialien für Regelunterricht und Freiarbeit in der Sekundarstufe I. Donauwörth, 2002.

Moderner Religionsunterricht – lebendig und schülernah!

Winfried Röser

Die 10 Gebote

Geschichte, Bedeutung, Aktualität

Mit diesem Band zeigen Sie, dass die 10 Gebote heute noch relevant sind. Sie beleuchten die Entstehung und Verkündigung der 10 Gebote im Zusammenhang mit der Geschichte des Volkes Israel. Ihre Schülerinnen und Schüler können sich genau in die Situation der Israeliten zur Zeit des Exils hineinversetzen. Im Zentrum stehen die einzelnen Gebote und Fragen wie: Was bedeutete das Gebot für die Israeliten? Und was für uns heute?

Prägend und nach wie vor aktuell: die 10 Gebote eindringlich vermittelt!

Mappe mit Kopiervorlagen, 53 Seiten, DIN A4
5. bis 8. Klasse
Best.-Nr. 2616

Winfried Röser

Die Apostelgeschichte

vermitteln – verstehen – übertragen

Unter starkem Bezug der biblischen Botschaft auf die heutige Lebenswelt erhalten ihre Schüler/-innen einen umfassenden Überblick über die historischen Wurzeln des Christentums. Der Band umfasst 10 Kapitel, wobei Leben und Wirken der Apostel Paulus, Johannes und Petrus im Mittelpunkt stehen. Die Arbeitsblätter können sowohl als thematische Einheit als auch einzeln eingesetzt werden.

Die historischen Wurzeln des Christentums im Überblick!

Mappe mit Kopiervorlagen, 55 Seiten, DIN A4
7. bis 8. Klasse
Best.-Nr. 2651

Winfried Röser

Bibel aktuell

Kopiervorlagen zur Bibelarbeit

Moderner Religionsunterricht muss von den Problemen der heutigen Zeit ausgehen. Diese Kopiervorlagen bringen den Schülerinnen und Schülern den Glauben näher, indem sie Worte und Taten auf unsere Zeit beziehen und übertragen. Themen wie Arbeit, christliche Verantwortung und Politik spielen ebenso eine Rolle wie Nächstenliebe, Tod und Verzweiflung. Sie regen Ihre Klasse zum Nachdenken, Diskutieren sowie zur Auseinandersetzung mit ihrer Umwelt und ihrem Leben an.

So erkennen junge Leute die Zeitlosigkeit der Aussagen der Bibel!

Mappe mit Kopiervorlagen, 50 Seiten, DIN A4
5. und 6. Klasse
Best.-Nr. 2201

Mappe mit Kopiervorlagen, 47 Seiten, DIN A4
7. bis 10. Klasse
Best.-Nr. 2202

Winfried Röser

Jesus

Geschichte - Bedeutung - Aktualität

Die Mappe liefert Ihnen abwechslungsreiche Arbeitsblätter, mit denen sich Ihre Schüler das Wissen zu Leben und Wirken Jesu erarbeiten. Im Mittelpunkt stehen das Leben Jesu, seine Worte, mit den Schwerpunkten Bergpredigt und Gleichnisse, seine Taten sowie Tod und Auferstehung Jesu. Auch die Bedeutung Jesu für die heutige Zeit wird umfassend behandelt. Die didaktisch wertvollen Arbeitsaufträge decken die wesentlichen Inhalte der Lehrpläne ab.

Aus dem Inhalt: Der historische Jesus - Geburt und Kindheit Jesu - Die Anfänge des Wirkens Jesu - Die frohe Botschaft - Die Taten Jesu - Die Gleichnisse - Jesu Tod und Auferstehung

Jesu Bedeutung für die heutige Zeit – Material zum Überblick und zum Vertiefen!

Mappe mit Kopiervorlagen, 55 Seiten, DIN A4
5. bis 8. Klasse
Best.-Nr. 2383

Winfried Röser

Von Noah bis David

Die Vätergeschichten des AT aktuell und lebendig unterrichten

Von wegen langweilig, alt und verstaubt! Abraham war bereit, seinen Sohn zu opfern - Jakob betrog seinen Bruder hinterlistig ums Erbe - Josef wurde von seinen Brüdern an Sklavenhändler verkauft: Die Geschichten der Stammesväter Israels sind nicht nur spannend wie Krimis, ihre Aussagen sind auch heute noch relevant. In dieser Mappe finden Sie Nacherzählungen, Interviews, Zeitungsartikel, Aufgabenstellungen und Hintergrundinformationen zu Personen und Orten. Die Geschichte Israels kompakt in einem Band: Noah, Abraham, Jakob und Esau, Josef, Moses, die 12 Stämme Israels, Saul, David.

Damit entdecken Ihre Schüler/-innen sofort, wie aktuell das Alte Testament auch heute noch ist!

Mappe mit Kopiervorlagen, 51 Seiten, DIN A4
5. bis 8. Klasse
Best.-Nr. 2645

Unser Bestellservice:

Das komplette Verlagsprogramm finden Sie in unserem Online-Shop unter

www.persen.de

Bei Fragen hilft Ihnen unser Kundenservice gerne weiter.

Deutschland: ✆ 0 41 61/7 49 60-40 · Schweiz: ✆ 052/366 53 54 · Österreich: ✆ 0 72 30/2 00 11